AF372937

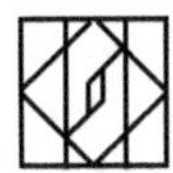

c o l e c c i ó n

VIAJE AL CENTRO DE LA CIENCIA

ADN
Editores, S.A. de C.V.

Colección dirigida por
Juan Tonda

Diseño: Arroyo + Cerda
Ilustración de portada y portadilla: Mauricio Gómez Morín
Ilustraciones interiores: Maia Fernández Miret

Primera edición, 1997
Sexta reimpresión, 2005
Séptima reimpresión, 2021

© ADN Editores, S.A. de C.V.
Estrella del Sur 150, Col. Rancho Tetela,
62160 Cuernavaca, Morelos, MÉXICO
juantonda54@gmail.com
Tel. (52) 5554006326

La primera edición se coeditó con la
Dirección General de Publicaciones del
Consejo Nacional para la Cultura y las Artes.

ISBN 978-968-68491-21-9

Mónica Lavín

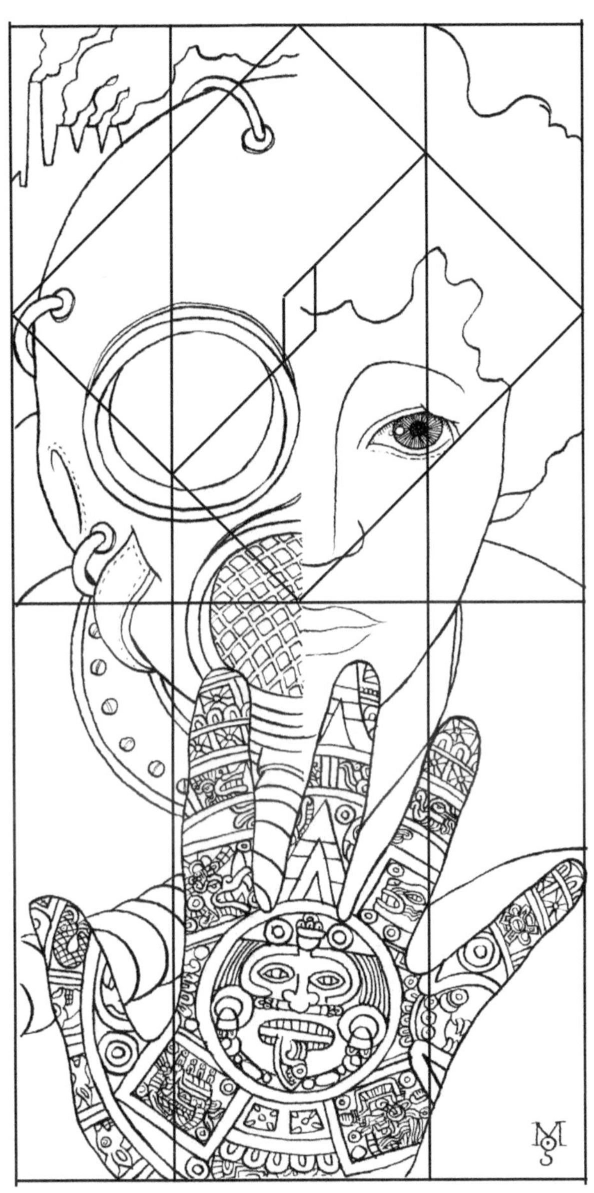

Planeta azul, planeta gris

A Emilia y María

Índice

El misterioso grafiti

*Los contaminantes son sustancias o factores que provocan una
alteración desfavorable de un organismo o ecosistema*

Llamaron a Manuel, Julio, Bruno y Magali a la oficina de la directora. Todo el grupo de segundo de preparatoria los miró intrigado, era extraña esa llamada justo una semana antes de que acabaran las clases. La inquietud del grupo, sin embargo, estaba fundada. Durante toda la semana los botes de basura quedaron volcados en el patio y los pasillos a la hora de la salida. La señorita Genoveva había insistido por el micrófono punzante de todas las mañanas —peor que el despertador de cualquier mesilla de noche— que confesaran los que estuvieran cometiendo tal atropello. La basura atentaba contra la higiene; ver esos botes desparramados hablaba de un comportamiento poco respetuoso. La gota que derramó el vaso o la rúbrica que puso las cosas en claro fueron aquellas letras grises, chorreando sobre el corcho de la entrada. Ése, donde la maestra de primero de secundaria se había esmerado en explicar lo que era la contaminación:

Los contaminantes son todas aquellas sustancias o factores que provocan una alteración desfavorable en un organismo, población, comunidad o ecosistema, diferente de la encontrada en condiciones ambientales normales.

Allí sobre la explicación clara y redonda, sobre las fotos de paisajes verdes, azules, transparentes, en grafiti se leía *Planeta gris* y las firmas de los causantes. Por fin los culpables habían dado la cara. Como cuando los terroristas cometen alguna atrocidad y dan señales de vida adjudicándose el agravio. Cuando el grupo vio a Manuel con esa altura portentosa, esa cara fina y el pelo largo atado en una coleta encabezar al grupo de subversivos, guardó silencio. Era uno de los más inteligentes del salón, un alumno querido por maestros y alumnos.

A Manuel, Bruno, Magali y Julio no se les vio por la escuela en los días que siguieron al grafiti retador. A la mañana siguiente a la expulsión se había cambiado el corcho de la entrada por un **No contamines,** enorme y vistoso, donde acciones perjudiciales para el medio ambiente como el humo de los motores o de las fábricas, la basura sobre la acera, estaban cruzadas con una X roja y dolorosa. Irene había sido la encargada —por orden de la dirección— de elaborar algo rápido y propositivo. Irene no acertaba a explicarse la conducta de Manuel, lo apreciaba y en el fondo, lo extrañaba.

—¿Pero qué le ha pasado, Martín?

—Se le subieron los humos. Se cree muy bonito y muy trucho.

—No, no me creo esa explicación tan sencilla —defendió Irene.

—Porque a ti te gusta, nada más por eso lo crees más santito —repeló Martín.

—No, pero ése no es Manuel. Los otros allí van tras de él, son sus incondicionales.

—Magali es su admiradora, diría yo —intervino Sofía.

—El mes pasado habíamos propuesto colocar letreros en todos los árboles del parque para que supiéramos su nombre, su historia, de dónde vienen —siguió Irene como si no la hubiera oído.

—Sí, es cierto —agregó Sofía—. Él mismo dijo que no se trataba sólo de prohibir y decir no hagas esto y lo otro, sino de hacer que la gente amara su lugar, deseara el aire azul, el pasto verde.

—Mira, y nosotros haciendo un letrero de lo que no se debe hacer —reflexionó Martín.

—Es que también hay que insistir sobre lo que no se debe hacer —argumentó Irene—. Pero no nada más, tenía razón Manuel.

—Pero ya no tiene razón —dijo enojada Sofía—. Así es que no te pongas nostálgica. ¿O tú crees que está bien que quiera un planeta sucio y gris?

—Cómo crees, Sofía, y no puedo creer que eso es lo que quiera. Algo le pasó. Intentaré hablar con él.

—Si se deja— concluyó Martín.

La Semana de la contaminación

La directora fue la que tomó el micrófono esa mañana para anunciar que la última semana de clases estaría dedicada a que la escuela se enterara de qué era la contaminación de la atmósfera, de ríos, lagos y mares, del suelo. Cada grupo, desde primero de secundaria, debía preparar carteles con información ilustrada de los diferentes temas para que toda la escuela estuviera enterada. Se le veía descompuesta, su tono dulce y enérgico era más bien exaltado y vehemente.

—Demasiadas palabras huecas —dijo como si el incidente del día anterior la hubiese sacudido—. Los alumnos de esta escuela no sólo dirán "No hay que contaminar" repitiendo una letanía trillada. Sabrán cuáles son las consecuencias y cuáles las causas, de eso me encargo yo —concluyó tajante.

Con la ausencia de Manuel, Bruno, Magali y Julio, el bachillerato entero comenzó a trabajar en sus propuestas. Los profesores habían preparado el temario y repartido los puntos por equipo. La exhibición del periódico mural o flotante debía estar lista para el último día de clases. A muchos les hizo poca gracia combinar exámenes con investigación. Para aliviar el descontento la directora tuvo una idea genial: el examen final de ciencias naturales ese año sería la investigación que a cada equipo le hubiese sido asignada.

Dolores Mena, la directora, tenía sobre su escritorio los expedientes de los muchachos expulsados. Buscaba, como en una investigación policiaca, los motivos de su conducta irreverente. Sabía que eran adolescentes, que eran rebeldes, que buscaban su camino como todos, sólo que le parecía inusitado que cuatro alumnos de mucho arrastre, amigueros, sobresalientes en el deporte, como Manuel, en ajedrez como Bruno, en las matemáticas como Magali y en la redacción como Julio, con buenas calificaciones, de pronto, al finalizar el año escolar, cambiasen el rumbo. Por eso su actitud había sido desesperada. En dos días volverían los expulsados, que además habían perdido su derecho a examen normal y tenían que presentar extraordinarios. La escuela entera sería un frente común. En 15 años de ver desfilar a las generaciones salientes, no había sentido la misma incomodidad.

2

Dolores prepara el campo de batalla

*En las grandes ciudades entre el 80 y 95% del monóxido de carbono
(CO) proviene de los automóviles*

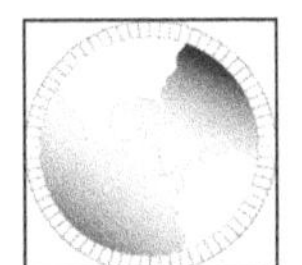 Al día siguiente la directora visitó a cada grupo para revisar lo que estaban haciendo. Comenzó por primero de secundaria. Los muchachos le presentaron un acordeón con el tema más cercano a todos. Por ser los novatos del bachillerato les había tocado la contaminación del aire causada por los óxidos de carbón.

Dolores leyó en voz alta:

13

El **monóxido de carbono** es un gas tóxico, inodoro e incoloro. Alrededor del 93% del monóxido de carbono presente en la atmósfera proviene de fuentes naturales, como es la oxidación de un hidrocarburo, el metano, producido por la materia en descomposición en las áreas pantanosas. El 7% restante se desprende al quemar leña, carbón, llantas y combustibles como la gasolina. Cuando se quema el tabaco al fumar también se produce monóxido de carbono.

En las grandes ciudades, se considera que entre el 80 y 95% del monóxido de carbono expulsado por el aire proviene de los gases del escape de los automóviles. Algunos microorganismos terrestres y de la atmósfera pueden convertir, por medio de procesos de oxidación, el monóxido en bióxido de carbono, que es menos venenoso.

El monóxido de carbono se mezcla con la hemoglobina de la sangre y de esta manera impide que ésta se combine con el oxígeno. Al combinarse el monóxido con la hemoglobina forma la carboxihemoglobina. Su efecto tóxico es proporcional a su concentración en el ambiente y al tiempo de exposición de los organismos. (Véase la tabla 1).

—Pero esta información hay que aterrizarla en lo que podemos percibir. ¿Cómo sé yo que estoy intoxicada con monóxido de carbono?
Una jovencita señaló un libro:
—Aquí dice, pero pensamos que no era necesario ponerlo en nuestra exposición.
—Todo lo que nos dé claridad es importante. Acuérdense que le vamos a quitar lo hueco a las palabras. Debemos subrayar que los problemas de contaminación no son lejanos. ¿De acuerdo? A ver, léenos eso —pidió la directora.

En el hombre la intoxicación por monóxido de carbono provoca fatiga, dolores de cabeza, mareos, trastornos de la visión e incapacidad para determinar intervalos de tiempo. En altas concentraciones y durante prolongados periodos de exposición causa estado de coma y puede llevar a la muerte.

Otro equipo le mostró su trabajo sobre el bióxido de carbono. Dolo-res se dio cuenta de aspectos puntuales que desconocía. Ella también había estado llena de palabras huecas.

El bióxido de carbono (CO_2) es un componente natural de la atmósfera, el más abundante en cuanto a masa y sólo recientemente ha sido considerado contaminante. Por medio de la fotosíntesis (recordemos que las plantas verdes lo utilizan como fuente de carbono) y la respiración es reciclado a través del aire, el agua, los vegetales y los animales. Como contaminante se origina en los procesos de combustión, de producción de energía por la industria

Tabla 1
LOS CONTAMINANTES ATMOSFÉRICOS Y SUS EFECTOS

Contaminante	*Fuente*
Bióxido de carbono (CO_2)	*Componente natural de la atmósfera producto de la fotosíntesis y la respiración. Proceso de combustión, producción de energía por la industria y calefacción doméstica*
Partículas en suspensión (ceniza, polvo, humo, metales, alquitrán)	*Industrias, vehículos con diesel, actividad volcánica, áreas sin pavimento*
Nitritos (NO)	*Instalaciones industriales, motores de combustión interna, hurnus, incendios forestales, actividad volcánica, descomposición de materia orgánica*
Óxido de azufre (SO)	*Al quemar carbón mineral, petróleo crudo, diesel y combustóleo*
Ozono (O_3)	*Combustión de automóviles e industrias*
Freones (compuestos de clorofluorocarbono)	*Refrigerantes, propelentes en frascos atomizadores, extinguidores*
Monóxido de carbono (CO)	*93% fuentes naturales, 7% combustión de leña, carbón, llantas gasolinas y tabaco*

Reacción en la atmósfera	Daños a la salud	Daños al medio ambiente
Benéfica: efecto de invernadero que evita el enfriamiento		Exceso de CO_2 podría aumentar el efecto de invernadero
Combinada con vapor de agua+ozono=esmog	Bloquea mecanismos de defensa del aparato respiratorio, asma y bronquitis	
$NO+O_2=NO_2$ Bióxido de nitrógeno	Endurece el tejido pulmonar y afecta la respiración	Esmog café
$SO+O_2=SO_2$ (con radiación solar) produce sulfito $SO+H_2O=H_2SO_4$ (vapor de agua)	Inflama mucosas y vías respiratorias	Esmog verde H_2SO (ácido sulfúrico), lluvia ácida. Afecta floración en pinos y líquenes.
HIdrocarburos+óxidos de nitrógeno (en presencia de luz UV)= O_3	Cefalea, tos, irritación de ojos y garganta, cambios en el metabolismo pulmonar	
Destruyen la capa de ozono por fuera de la atmósfera	Cánceres de piel	Agujero de ozono entrada de rad. UV
	Reacciona con la hemoglobina de la sangre y produce carboxihemoglobina Dolores de cabeza, fatiga, náusea, trastornos de la visión	

y en la calefacción doméstica. Es decir, en la atmósfera hay una cantidad de CO_2 que sobra. Aproximadamente la mitad del bióxido de carbono que es arrojado a la atmósfera es disuelto por los océanos en un periodo entre 2 y 5 años. Las nieves perpetuas de los casquetes polares también captan bióxido de carbono. Una vegetación abundante ayuda a eliminar el exceso de este gas.

—Qué bueno que mencionan las áreas verdes, en ciudades como la nuestra son muy escasas. Las normas urbanísticas internacionales definen una relación de 9 m^2 de áreas verdes por habitante como mínimo para zonas densamente pobladas —refirió Dolores, que había encontrado una revista que lo mencionaba—. Este dato les puede ser útil: la superficie de áreas verdes del área metropolitana de la ciudad de México es de 40 millones de metros cuadrados, es decir, aproximadamente 3 m^2 por habitante; en cambio, Berlín tiene 34 m^2 por habitante y Chicago 36, la propia ciudad de los rascacielos, Nueva York, tiene 7 m^2 por habitante.

—Aquí tenemos esta información —llamó Laura entusiasmada (Véase la figura 1).

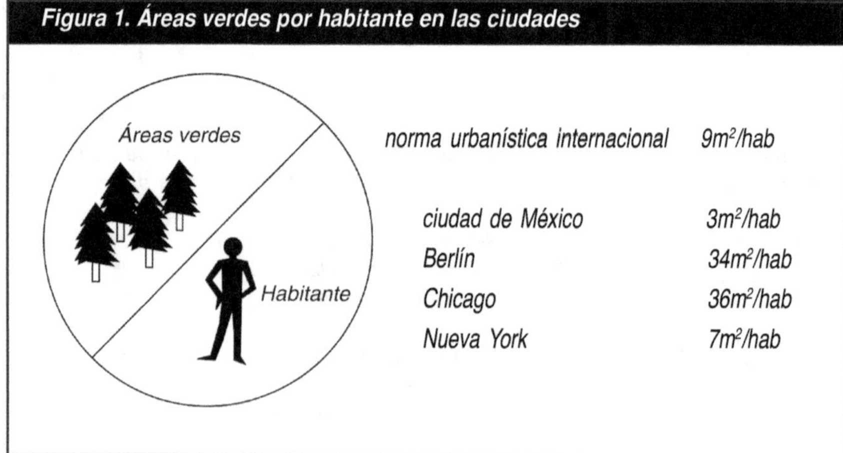

Figura 1. Áreas verdes por habitante en las ciudades

Los parques en las ciudades son importantes no sólo por su efecto relajante y estético sino por su capacidad para consumir bióxido de carbono y producir oxígeno, además de actuar como filtros de aire y agua, captar polvos en su follaje y absorber metales pesados en sus troncos, ramas y hojas. Más que la cantidad de **áreas verdes** —dicen los investigadores— importa el área foliar, o sea la suma de la superficie de las hojas, que los árboles no sean viejos y que no pierdan sus hojas. Es preferible la vegetación perennifolia a la caducifolia como son las jacarandas, colorines, liquidámbar y fresno. Las áreas verdes son verdaderos pulmones urbanos, aportan más oxígeno del que consumen y son factores de retención de humedad que contribuyen a crear un clima agradable en las ciudades, donde competimos por el oxígeno los habitantes, los animales, los vehículos y la industria.

—Se ve que su profesor los ha orientado con entusiasmo —dijo Dolores, asombrada por la abundancia de la información. Siguió revisando los carteles (Véase la figura 2).

El bióxido de carbono desempeña un papel importante en el efecto de invernadero, necesario para evitar el enfriamiento de la Tierra todas las noches. El CO_2 es un buen transmisor de la luz solar pero retiene una fuerte cantidad de radiación infrarroja que la Tierra refleja hacia el espacio, lo que mantiene una temperatura cálida en el interior de la atmósfera. Algunos científicos creen que la introducción a la atmósfera de mayor cantidad de bióxido de carbono incrementará el efecto invernadero, provocando un calentamiento excesivo de la Tierra. Entre otras cosas, podrían derretirse los hielos perpetuos de los polos, como hace doce mil años.

A Dolores le preocupó el acento en el calentamiento de la Tierra,

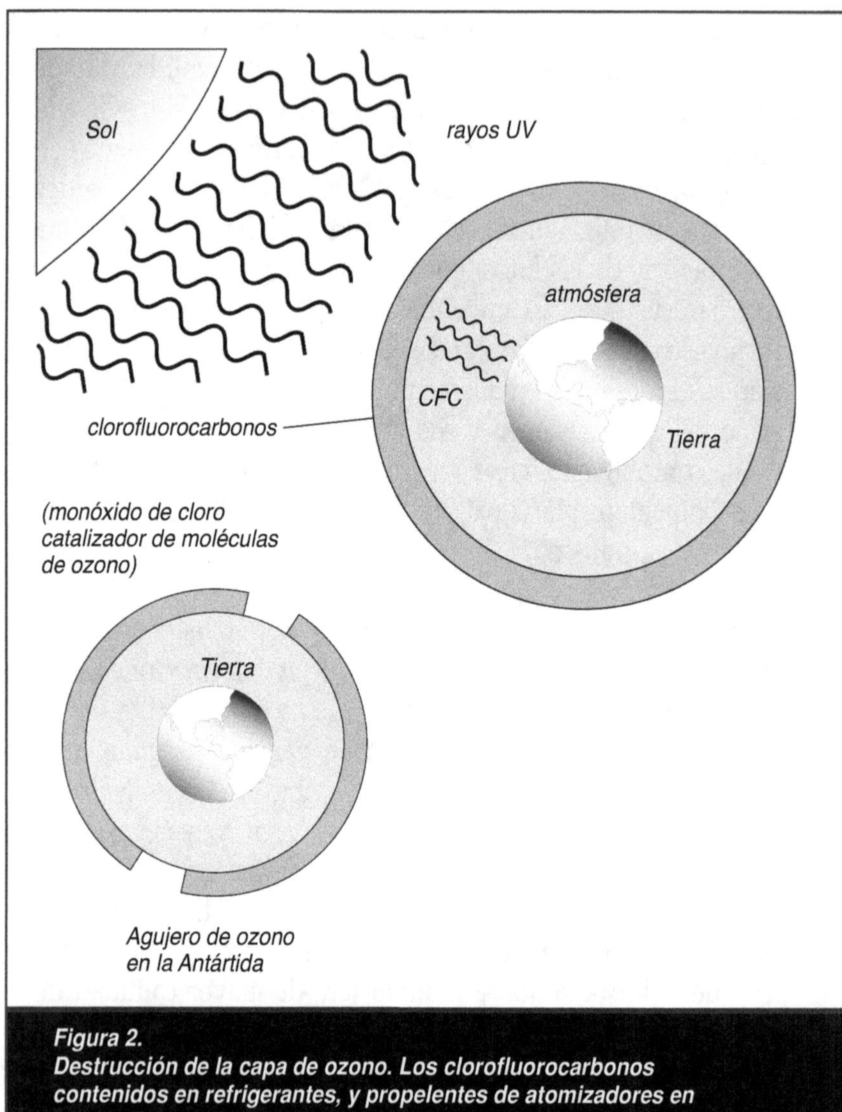

Figura 2.
Destrucción de la capa de ozono. Los clorofluorocarbonos contenidos en refrigerantes, y propelentes de atomizadores en presencia de la luz UV destruyen la capa de ozono que funciona como escudo para prevenir la entrada de esta peligrosa radiación a la tierra. Son los responsables del agujero de ozono.

cuando sólo era una especulación. Tener un marido científico la había vuelto muy cautelosa en cuanto a las afirmaciones contundentes.

—Tengan mucho cuidado con lo que en este momento es una discusión entre científicos y no está plenamente demostrado. Hace poco leí que el calentamiento de nuestro planeta en los periodos interglaciares estuvo probablemente más relacionado con la inclinación del eje de rotación de la Tierra que con la absorción de la atmósfera en la parte infrarroja del espectro.

—No debemos ser amarillistas, ¿verdad? —dijo el simpático del grupo.

—En la ciencia no hay amarillismo, sino sólo un camino donde se proponen explicaciones que se verifican. No se deben considerar las explicaciones como verdades absolutas hasta que no hayan sido demostradas —intervino el profesor del grupo.

—Por ejemplo —siguió—, algunos científicos desmienten la idea de que el calor producido por las ciudades y conglomerados industriales, que es muy poco a nivel mundial, pueda producir alteraciones en el clima global. Aunque otros sostienen lo contrario.

—¿Pero esto de los daños del monóxido y el bióxido de carbono es cierto? —preguntó Mayra sin entender.

Dolores sintió que esta vez ella tenía que responder en lugar de preguntar como lo hacía con su marido, que era físico.

—Me refería a la explicación del calentamiento del planeta. Lo que nos queda claro es que demasiado monóxido o bióxido de carbono en la atmósfera representa un desequilibrio y un daño a la salud. Algunos de esos daños los conocemos, otros son especulaciones sobre lo que ocurrirá dentro de muchos miles de años. Pero queremos que dure la Tierra. Por lo menos que doble su edad. Otros cinco millones de años.

El grupo se quedó mudo. No era muy fácil entender la edad del planeta que ahora les preocupaba.

3

Baldomero Guaqui y los expedientes

La Semana de la Contaminación será ideal para que Planeta Gris suene fuerte

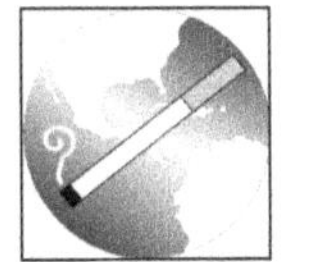 En otro lado de la ciudad, en un departamento amplio donde las persianas siempre permanecían cerradas, Baldomero Guaqui, vestido con pantalón gris y su infaltable polo de cuello de tortuga negro, trabajaba sobre el escritorio. Era el único sitio del salón donde la luz de una lamparilla iluminaba intensamente los papeles que revisaba. Leona, su asistente, entró con dos tazas de té sobre una charola.

—¿Qué haces, cariño? —preguntó con voz afable.

—Quiero tener la certeza de que nuestra elección fue la correcta.

—Tu elección siempre es la correcta —dijo Leona mirando a Baldomero con ojos de admiración.

Sobre el escritorio, desparramados, con marcas rojas bajo algunos nombres y datos, estaban los mismos papeles que Dolores Mena, la directora de la escuela y prima lejana de Leona, había mirado preocupada el día que apareció el grafiti. Las fotocopias con el expediente escolar de Manuel, Bruno, Magali, Julio e Irene habían sido tarea de Leona. Cuando Baldomero había dicho que necesitaba unos chicos para una importante campaña, un acto sin precedente a nivel planetario, Leona deseosa de la atención de su amado, recordó a su prima Lola. La más aplicada de todas las primas. Había oído que tenía una escuela. Sería cuestión de visitarla. Eligió lunes, *día muy ajetreado*, según le indicó Dolores por teléfono; Leona llegó con su vestido rojo ajustado, sus zapatos de charol también rojo y su saco aleopardado. Un atuendo poco usual en los terrenos escolares. Llegó a la hora del recreo y atravesó lentamente el patio; los muchachos del bachillerato se sorprendieron con ese pedazo de estética mundana caminando altiva entre sus compañeras de tenis y calcetas.

Cuando llegó con Dolores, Leona dijo que necesitaba trabajo, que ella podía dar clases de inglés, no en balde se apellidaba Smithers y tenía el pelo rojizo como el de su padre irlandés. Detrás de Dolores, sobre un estante, Leona detectó las carpetas con los expedientes de cada año escolar. Por la etiqueta en el lomo con que estaban identificadas, localizó de prisa la correspondiente al segundo año de prepa.

—Qué ordenada, prima, desde chiquita eras así cuando jugábamos a la maestra. Hasta calificabas exámenes y los guardabas semana con semana. A mí me reprobaste —dijo con picardía.

Esa misma picardía es la que había cautivado a Baldomero

Guaqui cuando se conocieron en la convención de agroquímicos. Ella coordinaba edecanes. Desde ese encuentro, donde Baldomero le compartió sus sueños de un plan maestro, perfecto, que los haría poderosos y ricos, Leona decidió que era mejor cooperar con Baldo que escoger niñas bonitas para los eventos.

La directora cayó en la astuta provocación de su prima y tomó al azar una carpeta.

—Mira, para que veas cómo llevo mi orden obsesivo.

Pasó poco a poco las hojas; bajo el nombre de cada estudiante estaba su foto y una descripción de su desempeño escolar. Se describía la personalidad, sus aciertos y problemas. A Leona se le hacía agua la boca.

—A mí me gustaría trabajar con los chicos de prepa. ¿No tienes allí posibilidades de contratarme para el siguiente año escolar?

—Tal vez —dijo pensativa Dolores— podríamos dar un intensivo de conversación a los de tercero de prepa. Necesitan soltura para hablar inglés en diferentes situaciones. Pero contigo sería demasiada soltura —agregó Lola divertida al observar lo corto del vestido de su prima.

—Estarían encantados, prima, como los del edificio de enfrente de tu casa. Yo te conseguí a Pedro, yo lo llevé contigo, todo por mi falda corta.

—Más bien por tus piernas.

—Bueno... A ver, déjame ver qué clase de alumnos me tocarían. Los jóvenes pueden ser tremendos a esa edad.

Dolores sacó las carpetas correspondientes a segundo A y B y se las dejó hojear. Un zumbido del conmutador las interrumpió.

—Ya llegaron los señores Maraqui. Por eso no era bueno que vinieras en lunes. Es día de entrevistas con los padres de familia. Bueno, llévatelas al salón de maestros mientras yo los atiendo. En un rato nos reunimos.

No podía ser mejor. En el cuarto de maestros Leona pudo revisar los grupos, elegir a los de mejores calificaciones, los más carismáticos. Ésos eran unos de los requisitos primordiales, le había dicho Baldo. Y allí mismo después de dar con la manera de enchufar la fotocopiadora, pudo sacar copias a los que necesitaba. Estaba acomodando las hojas en la carpeta cuando entró su prima.

—Ya, Leona, vente para despedirnos porque tengo otros padres esperando.

—Sí, prima, yo también ya me tengo que ir —dijo Leona con las carpetas entre los brazos. Apenas tuvo tiempo de meter las fotocopias en su bolsón acharolado.

—¡Qué barbaridad!, dejaron la copiadora encendida. Les he dicho que la última en salir cada tarde revise —farfulló Dolores, mientras la apagaba y salía detrás de Leona hacia su oficina.

Ahora, que Baldomero Guaqui repasaba los expedientes para elegir a sus candidatos, dudaba si debió incluir a Irene.

—Es una chica lista, llena de amigos. Tiene toda la confianza de la directora. Es dulce, líder.

—Casi como Manuel pero en mujer —dijo Leona.

—Sí, es también una chica bonita, más bonita que Magali. Pero es demasiado responsable.

—Seguramente la mayor de sus hermanos —agregó Leona acordándose de su hermana mayor—. Son inamovibles. Nunca harán nada que sospechen incorrecto.

—Pero son confiadas —siguió Baldomero reflexivo—. Tal vez nos hubiese convenido más tenerla de nuestro lado y no del de tu prima, la directora.

—Pero ya es demasiado tarde. Lola ha organizado la Semana de la contaminación y se prepara una magna exposición. "Basta de palabras huecas" es su preocupación, llenar los mensajes ecológicos de sentido... Ya el Planeta Gris me puso al tanto.

"Tendremos que preparar un buen contraataque ahora que Manuel se reincorpore a clases. Semana de la Contaminación" —se burló Manuel. Semana ideal para contaminar más, para que Planeta Gris suene fuerte. Leona sacó un cigarrillo de una cajetilla gris. Baldomero soltó una bocanada de humo. Leona se unió con su cigarrillo a la niebla que poco a poco fue invadiendo el departamento penumbroso de Havre 38, donde la marca en letras doradas sobre la cajetilla de cigarros en la mesa apenas se alcanzaba a leer: Planeta Gris.

4

Humo en el ambiente

El ozono (O_3) se produce por la reacción de hidrocarburos y óxidos de nitrógeno con la luz ultravioleta del Sol

Con toda intención fue al grupo de tercero de secundaria a quien le tocó la investigación sobre el humo. Entre las emisiones a la atmósfera estaba el humo del cigarrillo, que atraía a muchos de los jóvenes. María Dolores no se daba abasto verificando la investigación de cada salón.

El humo del cigarro también contiene monóxido de carbono, entre otros componentes tóxicos; éste disminuye entre un 5 y un 15%

la actividad de la hemoglobina en los fumadores, así como en los no fumadores expuestos al humo del tabaco. Estudios médicos han demostrado que la esperanza de vida de los no fumadores es más larga.

—Muy bien —estimuló Dolores—, pero yo les pediría aún más, encontrar una frase que desaliente el comenzar a fumar. Con los fumadores es más difícil lograr que dejen el vicio —bien lo sabía ella que recorría su casa impregnada del olor a cigarrillo de su marido—, pero si logramos que ustedes no se acerquen al cigarro sólo porque sus padres no los dejan o por parecer grandes, haremos un bien a todos. Se los dejo de tarea. Tienen tiempo.

Prosiguió con la revisión de los carteles, muy bien ilustrados por el padre de una de las chicas que era arquitecto.

Los **óxidos de azufre** se forman al quemar carbón mineral, petróleo crudo, diesel y combustóleo, que contienen azufre. Durante la combustión, el azufre reacciona con el oxígeno del aire y forma principalmente bióxido de azufre (SO_2). El bióxido de azufre puede oxidarse en presencia de la radiación solar y convertirse en sulfito. Este último puede reaccionar con el vapor de agua de la atmósfera y formar gotas de ácido sulfúrico (H_2SO_4) que es corrosivo, tóxico y peligroso. La vegetación es afectada por este ácido; los pinos y los líquenes son de las especies vegetales más vulnerables. La lluvia ácida altera procesos de floración de geranios, petunias y claveles; afecta el cultivo de rábanos, papa, jitomate, chícharo, manzana y durazno, pues destruye las hojas y retarda el crecimiento.

En las ciudades, la lluvia ácida disuelve el mármol y corroe el hierro y el acero de los monumentos y construcciones expuestos a la intemperie. Cuando el ácido sulfúrico se inhala y penetra en los pulmones, provoca daños serios en la salud. Las medias y el nylon pueden llegar a desintegrarse con esta lluvia corrosiva. Los óxidos de azufre irritan e inflaman las mucosas de las vías respiratorias.

—Profesora Dolores, esto parece clase de química —dijo Antonio, alarmado por tantas conversiones.

—Es que las reacciones químicas ocurren en el aire, entre otros lugares, todo el tiempo.

—Yo digo que mejor no hay que usar medias de nylon —agregó Laura.

—No, la solución es controlar la calidad de las emisiones a la atmósfera. Evitar que el azufre sea liberado y forme lluvia ácida —afirmó el profesor.

—Con el caso del óxido de nitrógeno podemos explicar la gravedad de la concentración de un contaminante que, por otro lado, liberan de forma natural las bacterias.

Dolores estaba interesada. El grupo se había esmerado y no sólo repetía la información, la podía analizar.

La **lluvia ácida** también puede estar formada por ácido nítrico o carbónico. Los **óxidos de nitrógeno** se producen en las instalaciones industriales, los motores de combustión interna, los aviones, los hornos, los incineradores, los incendios forestales, la actividad volcánica, los procesos de descomposición y fermentación de materia orgánica. Estos últimos son fuentes naturales de óxidos de nitrógeno. El óxido nítrico (NO) es un gas incoloro que se combina rápidamente con el oxígeno para formar bióxido de nitrógeno (NO_2), un nocivo gas rojo. En forma natural las bacterias producen 10 ve-ces más óxidos de nitrógeno que los emitidos por las actividades del hombre a la atmósfera. Pero en las grandes ciudades las concentraciones de estos agentes son de 10 a 100 veces mayores que en las áreas no urbanas. El bióxido de nitrógeno endurece el tejido pulmonar, que es elástico y esponjoso, y afecta la respiración.

—No veo que hayan tratado lo del ozono en las cartulinas que revisé —inquirió la directora.

—Es que es lo más complicado de entender —repuso Adriana, de cuclillas sobre una cartulina—. Que si hay ozono bueno, que si hay ozono malo.

—Tienes razón, por eso hay que hacer esfuerzos por ponerlo claro. No en vano le dieron el Premio Nobel de Química a un me-xicano por sus investigaciones en cuanto a la pérdida de la capa de ozono por el uso de los compuestos de clorofluorocarbono —replicó Dolores, mientras leía en silencio el papel del cual Adriana transcribía la información en enormes letras de plumón azul.

El **ozono** (O_3) es un oxidante fotoquímico producido por la reacción de hidrocarburos y óxidos de nitrógeno en presencia de la luz ultravioleta del Sol. Es un gas azul de olor característico. El ozono no es un compuesto, sino una forma diferente del oxígeno, con tres átomos en la molécula en vez de dos. Aunque el ozono sea un peligroso contaminante en la troposfera, pues provoca dificultades para respirar, cambios agudos en el metabolismo pulmonar, tos, cefalea, irritación de ojos y garganta, en la estratosfera protege la vida terrestre. Desde hace 2,000 millones de años ha formado un escudo azul que filtra la luz ultravioleta de los rayos solares. Las radiaciones ultravioletas (UV) contribuyen a la formación del clima pero en exposiciones prolongadas pueden causarnos cáncer en la piel. Sin la capa de ozono, la vida no sería posible en la Tierra, ya que las radiaciones ultravioletas intensas provocarían la descomposición de ácidos nucleicos y proteínas.

—Yo encontré un artículo que se refiere a la manera en que el hombre ha destruido esa capa de ozono benéfico; el famoso agujero de ozono —repuso Adriana entusiasmada.

Los principales contaminantes atmosféricos, que destruyen el ozono de la estratosfera, son un grupo de sustancias llamadas **freones**. Estos compuestos de clorofluorocarbono fueron elaborados durante los años treinta como refrigerantes para las instalaciones en frío. Posteriormente se emplearon como propelentes en los frascos atomizadores o *sprays*. Los freones que se acumulan en la estratosfera se descomponen bajo la acción de la luz ultravioleta, liberando átomos de cloro que catalizan una reacción que destruye al ozono sin que el cloro se consuma. Un átomo de cloro puede destruir hasta cien mil moléculas de ozono y su presencia en la atmósfera puede durar de 75 a 110 años. Aunque cese por completo el empleo de los freones, la capa de ozono se recuperará lentamente.

—Y las mujeres poniéndonos spray en el pelo con toda irresponsabilidad —dijo la directora consternada.
—¿Por qué no los han prohibido en México? —preguntó Adriana.
—Es una buena pregunta, que habla de lo mucho que hay que hacer —reflexionó Dolores en voz alta—. ¿Y por qué estos dibujos de ciudades verdes y cafés? —preguntó, fijándose en otra lámina.
—Hay ciudades con *esmog* verde y otras con *esmog* café, así lo consideran algunos científicos. El smog —vocablo que proviene de las palabras inglesas *smoke*, humo, y *fog*, niebla— es la mezcla entre el ozono y las partículas líquidas y sólidas de la atmósfera. El *esmog* verde es contaminación industrial, el café es *esmog* fotoquímico —explicó Antonio, quien había investigado el tema.
—A ver, la ciudad de México ¿sería verde o café?
—Café —contestó Antonio—. Mi papá me explicó que las

ciudades de clima frío y húmedo, donde se calientan las casas y edificios con calefacción, presentan *esmog* verde; es lo que sucede en Londres, Nueva York, Baltimore o Filadelfia. En ellas la contaminación atmosférica se produce porque la generación de energía eléctrica y la combustión de carbón y aceites minerales arroja a la atmósfera óxidos de azufre y partículas como el hollín, polvo y cenizas que pintan de verde el aire.

—No me digas que es el *esmog* que mató a muchas personas en 1952 —dijo Dolores.

—Sí —agregó Roxana—, aquí tenemos un cuadro con los datos. El *esmog* industrial es muy peligroso. En 1952 murieron 4,000 personas en Londres por esta causa y en Nueva York 400 en 1965.

—¿Y las ciudades cafés son entonces las más calientitas, por decirlo de alguna manera?

—Sí —prosiguió Antonio—, son ciudades con clima cálido y seco, como Sidney, en Australia, Tokio, en Japón, Los Ángeles, Denver y Salt Lake City, en Estados Unidos, Buenos Aires, en Argen-tina y la ciudad de México. En ellas, el principal contaminante es la combustión producida por los automóviles. El óxido nítrico expulsado por los vehículos reacciona con el oxígeno del aire formando el bióxido de nitrógeno (NO_2), lo que da una coloración café o roji-za al cielo.

—¿Y cómo tienes todo esto tan claro, Antonio?

—Mi papá trabaja en un proyecto de toxicología ambiental.

Y Dolores se acercó a la lámina que redactaba Antonio:

La contaminación del aire incluye **partículas suspendidas**, como ceniza, polvo, humo, metales, alquitrán, neblina, que se generan en procesos de combustión, calentamiento, producción, transporte y manejo de material pulverizado. Muchas industrias, los vehículos que utilizan diesel así como la erosión, las áreas sin pavimento y la actividad volcánica son las principales fuentes de emisión de estas partículas. Pueden bloquear los mecanismos de defensa del aparato respiratorio en vías aéreas superiores, bronquios y alvéolos, provocando asma y bronquitis.

—Estoy asombrada, me han hecho comprender la contaminación atmosférica. Los felicito.

5

El ensayo de la banda

*En un ambiente tranquilo el nivel de ruido es de 50 decibeles, a los
90 dB disminuye la percepción auditiva*

 —Pobrecitos, todos están en clases ahorita. Sentados en los estrechos pupitres atendiendo al maestro de lengua y literatura —se regodeó Bruno, recostado en la alfombra del cuarto de Manuel.

—Lo que es peor —dijo Magali mirando sus uñas mordidas— preparan afanosamente la "semana de la contaminación", me lo contó mi hermana. Nuestra "Dolores de cabeza" entra a cada salón a leer lo que han investigado. Habrá imagna exposición el último día de clases.

—No saben lo que les espera —contestó tajante Manuel—. El pelo largo y el arete le daban un aspecto de corsario invencible.

Julio, a quien apodaban el "Poeta", había decidido raparse. Su cuello largo perturbaba a Magali, que hasta entonces sólo había tenido ojos para Manuel.

—¿Ya te aprendiste las letras, Magali? —preguntó Julio, el autor.

—Ni que fuera examen final. Son muchas. Están difíciles.

—Pero muy buenas —repuso el bonachón de Bruno, cuyo fuerte era la batería.

—Oigan, Baldomero está presionando. Quiere empezar nuestro lanzamiento cuanto antes —dijo enérgico Julio.

—Por hoy podemos tener las letras en atril, pero mañana ya no —precisó Manuel—. Baldomero Guaqui viene al ensayo mañana. Depende de su aprobación que patrocine nuestro disco y una gira por México.

—Traigo una nueva rola, échale un ojo, es precisamente una "Oda al ruido" —dijo Julio.

Manuel leyó en voz alta (ésa era la manera en que se le iba ocurriendo una melodía a la que Bruno acomodaba el ritmo):

Oda al ruido

Cambiemos ángeles por decibeles
ondas sonoras que aceleren el pulso
que cambien tu respiración
que ataquen el corazón

Llegó la hora de los decibeles
no más tibios 30-40
sino hinchados 90
como los de la hora del tránsito

en la calle del gozo apretujado
de los autos y camiones,
exaltados 140
como los que emiten los pájaros de hierro.

Quién pudiera vivir junto a un aeropuerto
donde los muros y los cristales
vibran festivos con los aviones
que alzan o detienen el vuelo.

Oda al ruido que nos acompaña
el silencio es de los muertos
viva la estridencia
la música a su más insensato volumen
las máquinas horadando las calles
que el ruido duela
que el tímpano, frágil membrana,
se manifieste rompiéndose
y exhalando pus de su interior.

—Está súper —dijo Bruno, comenzando a menear la cabeza y los brazos como si tuviera las baquetas.

—¿No exageras con lo de la pus? —preguntó Magali poniendo cara de asco.

—Así lo quiere nuestro *manager*, Mr. Baldo, ¿no?

—Sensacional, Julito poeta —Manuel intentó tararear una melodía con la letra entre sus manos—. Déjamela de tarea, para mañana traigo algo. Ahora vámonos al garage a empezar a darle.

—A ver, explícame lo de los **decibeles**, Julio ¿cuándo te empiezan a hacer daño al oído? —preguntó Magali inquieta.

—En un ambiente callado, el nivel de ruido es de 50 decibeles.

A los 90 decibeles (dB) disminuye la percepción auditiva. Con ruidos superiores a los 140 dB, como son las explosiones, se pierde irreversiblemente la sensibilidad auditiva. La contaminación por ruido altera la tensión arterial, el ritmo cardiaco.

En las fábricas donde hay mucho ruido, éste es el causante del 20% de los accidentes —arrebató la palabra Manuel—. La escala de decibeles es logarítmica, esto quiere decir que 130 dB es 10 veces mayor que 120 y 100 veces más que 110 dB (Véanse las tablas 2 y 3).

Tabla 2
NIVELES DE SONIDO Y RESPUESTA HUMANA (EN DECIBELES)

Nivel de decibeles	Respuesta humana al nivel de sonido	Fuente de sonido
150		
140		*Dolorosamente*
130	*Límite de habla amplificada*	*fuerte*
120	*Despegue de jet a 65 metros*	
	Discoteca	
	Bocina de automóvil a un metro	
110	*Remachadora*	
	Despegue de jet a 650 metros	
100	*Grito a 15 centímetros*	*Muy molesto*
	Estación de metro de Nueva York	
90	*Trailer a 15 metros*	*Daño auditivo (8 horas)*
	Taladro neumático a 15 metros	
80		*Molesto*
	Tren de carga a 15 metros	
70	*Tránsito de autopista a 15 metros*	
60	*Aire acondicionado a 7 metros*	*Intrusivo*
	Tráfico ligero de autos a	
50	*15 metros*	*Silencioso*
	Sala	
40	*Dormitorio*	
	Biblioteca	
30	*Murmullo suave*	*Muy silencioso*
20	*Estudio de grabación*	
10		*Apenas audible*
0		*Umbral de audición*

	dB	
	140	Umbral de dolor
Prensa hidraúlica (1 metro)	130	
Remachadora neumática grande (150 metros)		
	120	
Jet que pasa por arriba (150 m)		
Motocicleta con escape abierto		Cuarto de pruebas de turbinas
	110	Ruido de construcción (compresoras y martillo a 3m)
		Carpintería
		Podadora de bajo poder
Grupo de rock and roll	100	
Tren subterráneo (7 metros)		Dentro de un vagón del tren subterráneo
Traker (7 metros)		Procesadora de alimentos
Silbato de tren (150 metros)		
	90	
Motor fuera de borda		Dentro de un sedán en el tráfico
Camión pequeño		vehicular
	80	Tráfico pesado (8 a 15 metros)
Camión ligero en la ciudad (6 m)		
Automóviles (6 m)		
	70	
Máquinas lavatrastes		
		Tráfico normal (30 metros)
Conversación (1 metro)		Oficina de contabilidad
	60	
	50	
		Oficina privada
		Tráfico ligero (30 metros)
	40	Casa habitacional
	30	
	20	
	10	
	0	

—¿Cómo sabes todo eso?

Manuel se quedó pensativo. De su archivo cerebral había sacado esa información para el trabajo que presentaron juntos Irene y él. Hacían buen equipo, pero desde tiempo atrás no la veía. Estaba muy ocupado con Baldo, la banda, los expedientes y el castigo en casa por la expulsión.

—¿No te acuerdas que de eso se trató el trabajo que presentó con Irene en la clase de biología? —recordó Bruno.

—Ah, con esa pedante —repeló Magali.

—Es buena onda —dijo Bruno.

—Y guapa —agregó Julio.

Magali se enceló. Ella era bajita, mientras que Irene era alta y atlética.

—Pero no canta bien.

Los tres la miraron con ternura y sonrieron.

—No, no tiene tu voz —le dijo Manuel.

Ya en la cochera, cada cual tomó su puesto. Manuel en el bajo, Julio en los teclados y Bruno en la batería, Magali al centro con las letras de las canciones. El "Valle de la Inversión" comenzó a sonar:

Este valle es una olla... olla ...olla.
Los vientos no circulan,
la garganta se cierra
fue de Moctezuma y Cuauhtémoc
pista de canoas, espejo de lagos
fue de españoles la ciudad de los palacios
la región más transparente
Tatarabuelos, bisabuelos, abuelos, padres
ellos lo volvieron gris
ellos lo volvieron gris
Nos toca a nosotros
ja ja ja
Nos toca a nosotros
Ja ja ja
Jabonosos y responsables

devolverle transparencia
La vida es muy corta
hay que disfrutar
nada de autos verificar
el aire contaminar
La vida es muy corta
nosotros no vamos a aliviar
lo que de otros fue dado estropear.

—Vaya que van a disfrutar la Semana de la contaminación en la escuela. Planeta Gris les va a dar una lección —pensó Manuel, satisfecho con la pieza que más habían practicado.

6

SOS Ambiental en Internet

En EE.UU. a partir de 1998 será obligatorio que 2% de los vehículos sean eléctricos

Martín e Irene estaban muy ocupados escribiendo una lámina sobre la inversión térmica:

La **inversión térmica** favorece la acumulación del *esmog* pues evita que se disperse. Este fenómeno ocurre cuando una capa de aire caliente detiene el aire frío que se encuentra debajo e impide su circulación. Normalmente, en la atmósfera las capas de aire más frío están arriba y las de aire caliente están cerca de la superficie de la Tierra. Éstas tienden a subir y se van enfriando. Después de la puesta del Sol, la Tierra irradia calor hacia el exterior, la capas de aire cercanas a la superficie se enfrían lentamente, pero quedan atrapadas bajo las capas de la atmósfera más frías. Al amanecer, el Sol calienta las capas de aire superiores, las de abajo se van calentando, se expanden y suben. La inversión térmica nocturna se rompe así cada mañana. En lugares con ciertas condiciones climáticas y topográficas, una capa de aire denso y frío puede quedar atrapada bajo una capa de aire menos denso y caliente. En el caso de la ciudad de México, ubicada en un valle cerrado, en ocasiones el aire frío de las montañas fluye al Valle y el Sol no puede romper la inversión. Es como ponerle una tapa a una olla. Si la inversión térmica persiste, los contaminantes se van acumulando hasta alcanzar niveles peligrosos. Esta capa que contiene los contaminantes impide que la radiación solar caliente paulatinamente la atmósfera y la superficie de la Tierra, alterando el ciclo de calentamiento y enfriamiento de capas de aire. En las ciudades de latitudes donde las estaciones están bien definidas, las inversiones térmicas ocurren durante el invierno, cuando los rayos solares no pueden penetrar para crear una capa de aire caliente que eleve el aire frío atrapado en las capas inferiores. Las inversiones también pueden ocurrir cuando una masa de alta presión provoca que la capa de aire más caliente se sitúe debajo de ella. En el caso del Distrito Federal, las inversiones térmicas ocurren principalmente en la época de secas.

Existen dos tipos de inversión: la inversión térmica por radiación, que es la que ocurre cuando una capa de aire frío queda atrapada bajo una capa de aire menos frío. Es la más común en el Valle de México. La inversión térmica por subsidencia se encuentra asociada con sistemas de alta presión, lo cual sucede cuando en los niveles superiores de la atmósfera se produce un descenso del aire (subsidencia) que comprime las capas bajas de la atmósfera y eleva su temperatura. Si por este efecto las capas intermedias se calientan más que las que están pegadas a la superficie se forma la inversión térmica por subsidencia.

—Hablando de acumulación peligrosa de contaminantes, encontré una dirección curiosa en Internet. Son un tal Grupo SOS ambiental, que anuncian unas mascarillas para respirar en las urbes contaminadas, fáciles de cargar, colocar y desechar después de usarlas en unas 30 contingencias ambientales —dijo Martín, cibernauta consumado.

—Oye, suena interesante. Localízalos. ¿Están en el D.F.?

—Qué pregunta, lógico —se burló Martín.

—Bueno, podían ser de cualquier lugar del mundo. Tú dijiste que no hay fronteras en el ciberespacio.

—Sí, son de México, voy a tratar de averiguar más.

—Imagínate poder entrevistarlos, que nos permitan mostrar la mascarilla y sus beneficios. Te toca escribir lo de los autos. Sería excelente dar con ellos —insistió Irene.

La **combustión de la gasolina** de los vehículos es la mayor fuente de contaminantes en la ciudad de México. En los estudios realizados en la capital mexicana entre 1970 y 1985, el nivel de ozono en la atmósfera no era importante como contaminante, en cambio el plomo y el bióxido de azufre sí lo eran. A partir de 1986, Petróleos Mexicanos elaboró una nueva gasolina con menos plomo: la Nova plus. Disminuyó el plomo pero aumentó la cantidad de hidrocarburos y óxidos de nitrógeno expulsados a la atmósfera. A partir de 1991 se expende una nueva gasolina, Magna sin, para automóviles modelos 1991 en adelante, ya que poseen convertidor catalítico que transforma los hidrocarburos y los óxidos de nitrógeno y carbono en nitrógeno, con lo que se destruyen los agentes precursores en la formación del ozono. Parte importante del problema en esta urbe es que una gran cantidad de los vehículos que circulan son de modelos anteriores.

—No veo muy clara la solución —dijo Irene agobiada—. La bicicleta no es lo más recomendable para esta ciudad tan grande.

—Los vehículos eléctricos —contestó tajante Martín, con una revista en la mano de donde leyó en voz alta:

"El 88% de la energía comercial consumida en el planeta deriva de combustibles fósiles. En México ésta es del 90%. Según los especialistas, a la tasa actual de consumo de petróleo las reservas mundiales se agotarán en el año 2030, y las de gas natural en el 2054."

—Pasado mañana —interrumpió Irene, consternada.

"En Estados Unidos, a partir de 1998 será obligatorio que el 2% de los vehículos vendidos por las empresas sean de cero emisión, por lo que deberán ser eléctricos. Entre las tecnologías —derivadas del programa espacial estadounidense— que se desarrollan, los vehículos podrán oxidar el hidrógeno para generar electricidad, el vapor de agua será el único residuo. En el Distrito Federal ya circulan alrededor de 3 mil minivehículos eléctricos que hacen trabajos de reparto de mercancías en las zonas más congestionadas."(Véase la tabla 4).

—No entiendo por qué no tenemos todos coches eléctricos —interrumpió otra vez Irene.

—Porque aún son muy caros. Hay que desarrollar una tecnología que baje los costos. Seguramente serán parte del futuro.

| Tabla 4 | | |
| RECURSOS ENERGÉTICOS POTENCIALES ESTIMADOS EN LA TIERRA | | |
Fuentes de energía	Entrada anual de energía renovable	Reservas de energía no renovables
ENERGÍA SOLAR		
Radiación solar	350 000	
Energía solar almacenada		
por breves periodos		
Madera, desecho	50	
Energía hidráulica, potencial total	30	
potencial desarrollado	3	
Energía eólica	200	
Energía térmica del mar	100	
ENERGÍA DE LAS MAREAS		
ENERGÍA GEOTÉRMICA, mínimo		
(actualmente aprovechable)	10	
COMBUSTIBLES FÓSILES		
Carbón, conocido y accesible		6 000
Petróleo, conocido y accesible		1 000
Gas natural, conocido y accesible		400
Arenas alquitranadas, conocidas pero no		
necesariamente accesibles (Canadá)		200
Aceite bituminoso, conocido pero no nece-		
sariamente accesible (Estados Unidos)		
COMBUSTIBLES NUCLEARES		
Uranio-235 para reactores de 1973		1 500
Uranio-torio para reactores generadores		100 000 000
Combustibles de tritio-deuterio para reac-		
tores teóricos de fusión		300 000 000 000

—Oye, ya me quedé picada con lo del grupo ambiental. No queda mucho tiempo para que acabe la Semana de la contaminación.

—Vamos a la biblioteca de la escuela, allí podemos entrar en Internet.

Dolores interceptó a los amigos.

—Irene, Martín, ¿saben algo de Manuel y Bruno?

—Están expulsados, ¿o no? —contestó Irene.

—Hoy se levantaba el castigo.

Irene y Martín se miraron. A los dos les pareció extraña la ausencia del grupo expulsado.

—¿Y saben de la Semana que estamos haciendo? —preguntó Irene.

—A lo mejor por eso no vienen —dijo Martín.

—Tal vez están preparando algo —dijo Irene, intrigada.

Cita con SOS Ambiental

Cuando Irene llamó a Baldomero Guaqui, éste no supo que era la chica cuyo expediente guardaba en el escritorio. Aquella a la que no había elegido como propulsora de Planeta Gris.

—Tenemos clientes para las mascarillas, pon todo en orden —apuntó Baldo a Leona que se barnizaba las uñas de gris plata sobre el mullido sillón.

—¿Cómo supieron de nosotros? —preguntó con pereza.

—Yo pensé que tú le habías comentado algo de nuestro negocio a tu prima, porque da la casualidad que son de la misma escuela.

—Baldito, cómo crees.

—Tampoco te habrás ido de lengua con los muchachos de Planeta Gris, con eso de que te parecen muy guapos —la interpeló celoso.

—Ni que fuera tonta, si ya sé dónde está el negocio, muñeco. Yo también quiero nuestra casa en Cancún y en Sunset Boulevard.

—No se diga más, a trabajar.

En unos cuantos minutos aquella sala penumbrosa quedó transformada en una oficina con un escritorio lleno de libros y con las paredes tapizadas de carteles de bosques, selvas, mares estrepitosos; dibujos de la mascarilla SOS de frente, de perfil; y una fotografía de Leona frunciendo los ojos incómoda con la mascarilla puesta.

Cuando sonó el timbre, Leona abrió la puerta; traía puesta una bata blanca que cubría su blusa negra de encaje, en cuyo bolsillo estaban discretamente bordadas las siglas SOS Ambiental.

—¿Éstas son las oficinas de SOS Ambiental? —preguntó Martín.

—Por supuesto —los recibió Leona— sean bienvenidos.

Irene y Martín pasaron con algo de desconfianza. Tras el escritorio los esperaba un hombre delgado, con el pelo lacio engomado hacia atrás.

A Irene le pareció atractivo; a Martín, petulante.

—Siéntense por favor, es un honor que nos visiten muchachos jóvenes como ustedes —los recibió el director de SOS Ambiental. El futuro de nuestro planeta está en sus manos. Lo que hoy hagan repercutirá en el mundo que habrán de vivir sus hijos. El gris asfixiante o el azul y verde vitales. Leona Smithers, mi ayudante. ¿En qué puedo servirles?

—Soy Irene Cuevas, en la escuela tenemos una Semana de la contaminación como cierre de clases, así es que mi compañero Martín encontró su dirección en Internet, y nos interesa información sobre la mascarilla que anuncian.

—Pensamos que daremos un panorama muy completo si podemos dar soluciones —agregó Martín.

—Entonces ¿no vienen a comprar? —interrumpió Leona, un tanto decepcionada.

—Leona, por favor, nos interesa la difusión de este invento novedoso. Aunque desde luego es deseable que toda escuela, todo hogar, tenga sus dotaciones de mascarillas SOS. Hay que llevarla en la mochila, en la bolsa, en el coche, tenerla bajo la cama —Baldomero ponderó con vehemencia el invento, ante los ojos atónitos de los muchachos.

—¿Cómo funciona? —preguntó Martín.

—Aquí está un folleto que fundamenta la necesidad de utilizar la mascarilla —eludió Guaqui:

"Un hombre asimila cada día 655 g de O_2 en promedio y arroja al hábitat 900 g de CO_2; esto equivale a una producción de 18,000 toneladas de bióxido de carbono por espiración humana en la zona metropolitana del Valle de México, suponiendo una población de 20 millones de habitantes. Pero la mayor concentración de gases tóxicos en el aire no se debe a la respiración sino a la emisión vehi-cular e industrial que generan el 70 y el 30% respectivamente.

"Cada litro de gasolina, compuesto de 110 g de hidrógeno y 630 g de carbono, se quema y combina con 17 kg de aire, de los cuales 3.4 kg son de oxígeno y 13.6 de nitrógeno. El resultado de la combustión es 1 kg de agua en forma de vapor, 2.4 kg de ácido carbónico y 13.6 kg de nitrógeno. Sin embargo, como la combustión no es perfecta, una parte de ácido carbónico es una mezcla de este compuesto y de monóxido de carbono, que es un gas muy venenoso. Así que 3.5 millones de vehículos generarán aproximadamente 84 mil toneladas de ácido carbónico. Además, la combustión interna y la industria generan otros contaminantes, como bióxido de azufre, metales pesados y monóxido de carbono".

—¿Y qué hace la mascarilla? —insistió Martín, que ya estaba al tanto de la información que daba el folleto.

—Pues, obviamente reduce la cantidad de monóxido de carbono que es muy venenoso, de bióxido de azufre, metales pesados y partículas en suspensión pues quedan retenidos en una rejilla con reactivos que los transforman y hacen inocuos.

—¿Y de quién es el invento? —preguntó Irene.

—Mío, por supuesto —dijo Baldomero, con las manos un tanto sudorosas—. Los muchachos parecían de la oficina de patentes.

—¿Es usted químico? —preguntó Irene, entusiasmada.

—No, altruista. Realicé una exhaustiva investigación, para llegar al invento que transformará la calidad de vida de todos los habitantes de las urbes del planeta.

—¿Y nos podría prestar una mascarilla y un cartel para nuestra exposición escolar? Será sólo una semana —pidió la chica.

Baldomero se sintió acorralado.

—Está bien; todo sea por la divulgación de un equipo que salvará la vida de los habitantes del planeta. Pero pido algo muy sencillo a cambio.

—Lo podemos invitar a nuestra exposición, desde luego —se adelantó Irene.

—No me gusta el protagonismo, sólo quisiera hablar con la directora, que me permitiese dar una conferencia a los padres, a los niños y a las escuelas de la zona. Puedo ofrecer atractivos paquetes. Pero la exposición será toda suya. El mérito es para ustedes, que se han tomado la molestia de buscar avances —elogió diplomáticamente.

Leona sonreía admirada por la habilidad de su hombre. Olvidó a sus invitados y la escenografía a la que se unía con su bata blanca y encendió un cigarrillo.

Baldomero la miró con ojos punzantes.

—Es este viejo y asqueroso vicio —se disculpó, nerviosa.

Baldomero entregó una caja con mascarilla a los estudiantes y los carteles con el esquema y la foto de Leona con el artefacto puesto.

—Gracias, señor... no nos dijo su nombre —se despidió Irene.

—Baldomero Guaqui, para servirles a ustedes. No olviden mi petición. Allí estaré el viernes 7 de julio.

—Lo esperamos.

Al ponerse de pie, Irene alcanzó a leer un extraño nombre en la cajetilla de cigarros, que súbitamente recogió Baldomero Guaqui. Nunca había visto la marca Planeta Gris. Leona cerró la puerta tras de los muchachos y volteó sonriente para echarse al cuello del empresario.

—Eres sensacional.

—Tú también, fumando frente a los muchachos.

—Perdón, Baldito, me emocioné. Imaginé los torrentes de muchachos y niños con las mascarillas como parte de sus útiles escolares.

Baldomero no pudo evitar una sonrisa de satisfacción ante ese paraíso de rostros abozalados. Abrió el cajón y sacó los expedientes escolares. Encontró el de Irene Cuevas.

—Finalmente esta chica, la aplicada y responsable, también servirá a la causa de SOS Ambiental. Espérate que le enseñemos todos los demás productos: antiplaguicidas, antirradiaciones, transformadores de basura, filtradores de agua, convertidores de aguas negras... Esto es sólo el comienzo.

Planeta Gris se prepara

Baldomero Guaqui y Leona Smithers habían llegado en el Corvette negro a la hora convenida con los chicos. Se habían citado en la cochera de casa de Manuel, cuyos padres no tenían objeción en que allí hicieran aquel escándalo. Sentados en dos taburetes escucharon las ingeniosas letras de Julio en la voz de Magali, con la melodía de Manuel y el ritmo de Bruno. Leona los miraba embobada. Esa Magali, vestida siempre de jumpers cortos, luciría mejor con algo más audaz, menos aniñado. Pensó que Planeta Gris tendría que tener un atuendo acorde. Se imaginó una blusa corta metálica y unos pantalones color humo acharolados. Los muchachos debían ir en variantes de negro y gris. Tal vez las letras Planeta Gris rojas y sangrantes plasmadas en las playeras y desde luego en el bombo de la batería. Leona aprovechó la plática de Baldo con los chicos para hacer unos bocetos.

—Excelente muchachos. Estoy orgullosísimo de ustedes. Harán un buen papel sin duda. Pero no basta con las canciones. Tendrán que hablar con la gente. Explicarles por qué no están dispuestos a arreglar lo que las generaciones anteriores estropearon. Les toca disfrutar. Y para eso hay que mirar a los ojos al público, convencerlos de que los desechos son parte de la existencia y que la vida de la especie humana es corta en el planeta. Las especies evolucionan y se extinguen. No hay nada que hacer. Hay que fumar, utilizar los coches más potentes, que las fábricas produzcan para que den trabajo, que los mares sean capaces de absorber los desechos vacacionales, los calentamientos nucleares, los desfogues energéticos. La vida es corta. La vida es una.

Miraban atónitos a Baldomero Guaqui. Su discurso sonaba tan convincente. Por qué andarse preocupando por los bosques, por los animalitos que se extinguían. Vaya cursilería. No era la primera plática que Guaqui tenía con ellos. Era una más para consolidar la gira de Planeta Gris por todo el país. Las vacaciones del verano eran el momento propicio.

—Así que les voy a dejar esta carpeta con información que deben conocer. Julio encontrará material para escribir canciones. Manuel las palabras para el discurso. Bruno y Magali aportarán ideas, emociones. Planeta Gris es el proyecto de su futuro inmediato.

Mientras Baldomero les entregaba una carpeta gris engargolada, Leona se acercó con los bocetos de sus trajes.

—Mira, Baldo, he estado diseñando su vestuario. Es importante.

—Mujeres, mujeres —dijo Baldomero, contento de haber elegido a Leona como socia.

—¿Les gustan, chicos?

—Yo nunca me visto así —se defendió Magali.

—Hasta ahora —dijo Leona, convencida—, ya verás que te quedará muy bien.

Cuando se fueron, Manuel repartió aquellas hojas cuajadas de datos.

—Resalten lo más importante —pidió.

—Hasta parece que nosotros también estamos en la Semana de la contaminación —se rió Bruno.

Habían decidido no regresar a la escuela hasta los exámenes extraordinarios. Estaban demasiado ocupados preparando su aparición como Planeta Gris.

Bruno el baterista

Los insecticidas de amplio espectro destruyen la fauna que se encuentra en los primeros 8 cm de suelo

Bruno cerró los ojos con las hojas de papel que le asignara Manuel entre las manos. Valía la pena aprenderse aquellos datos de los biocidas, algún día tocaría su solo de batería en medio del concierto de Planeta Gris. Para algo serviría haber pedido esa batería como regalo cuando cumplió once años. Su padre estaría orgulloso. Los aplausos llenarían el auditorio. ¡Viva Bruno! Sería tan bueno como Manu Katche, Jeff Porcaro, Larry Mullem, Gary Husband o Wakerman. Pero ahora había que cumplir con lo que su patrocinador les pedía.

Agroquímicos

El empleo excesivo y sin control de **pesticidas o biocidas y fertilizantes** —todos bajo el nombre genérico de agroquímicos, por su uso en la agricultura— son contaminantes del ambiente. Los insecticidas se acumulan en el suelo, las plantas y los animales. Su concentración en los tejidos animales aumenta a lo largo de la cadena trófica y los más afectados son los organismos que se encuentran al final de estas tramas alimenticias, como las aves carroñeras. Los insecticidas que normalmente son de amplio espectro —es decir no selectivos para la plaga que se desea controlar— matan a la fauna que se encuentra en los primeros 8 cm del suelo: protozoarios, nemátodos (gusanos), anélidos (lombriz de tierra) y algunos artrópodos (insectos y arácnidos). La formación, aireación, estructura e incorporación de materia orgánica al suelo depende en gran medida de esta fauna **edáfica** que descompone la materia orgánica en sustancias que se incorporan al suelo. Aunque los biocidas se aplican en las hojas, penetran en el suelo arrastrados por la lluvia o cuando las plantas muertas caen al suelo y se mezclan con la tierra. (Véase la tabla 5).

Bruno suspendió la lectura. ¿Por qué si los biocidas eran tan dañinos se habían empezado a usar alguna vez? Más abajo encontró la respuesta.

El hombre necesita del monocultivo para la producción de alimentos. La agricultura es una alteración del equilibrio del ecosistema. La naturaleza supone la existencia de diversas plantas y animales por superficie de terreno. Por eso las plagas encuentran propicio el monocultivo, mucho alimento del mismo atrae a muchos consumidores que crecen en demasía. Los controles biológicos normales de cualquier trama alimenticia están alterados. El uso de pesticidas elimina a los consumidores que dañan al cultivo.

"Si queremos producir alimento necesitamos usar biocidas". Esto último era un añadido en manuscrita. Seguramente de Baldomero Guaqui, que bien les hablaba de que el planeta había que disfrutarlo, que la sensiblería ambientalista andaba suelta por el mundo. "No maten a las hormiguitas, no utilicen coches, vuelvan al campo, a lo más elemental, al cultivo familiar", se burlaba Baldomero desatando las risas de todos. En verdad era listo el hombre. Aquí exponía los pros y contras del problema para que nunca estuvieran desprotegidos los postulados de Planeta Gris. Bruno prosiguió con la lectura:

Los herbicidas empleados en la agricultura en pequeñas cantidades pueden ser también verdaderas armas de guerra cuando se utilizan para la destrucción de todo tipo de vegetación. Esto sucedió en la guerra de Vietnam en 1969 cuando Estados Unidos roció 1,086,000 hectáreas de tierras cultivables de Vietnam, Laos y Camboya con el objeto de destruir la vegetación y por lo tanto las condiciones de vida en un tercio de la península de Indochina.

Bruno sintió que un escalofrío le recorría la piel. Los hallazgos de la ciencia podían ser aplicados con fines benéficos o destructivos, era cuestión de quien tomaba la decisión. Pensó en lo que había pasado con la bomba atómica. Muchos de los efectos de los bombardeos de herbicidas en Vietnam apenas comienzan a ser conocidos.

Tabla 5
PESTICIDAS EN EL MAR.

Grupo y nombre	Año de su introducción	Ha.	Tons.
Azufre, como fungicida	1803	>26 000	1 399
Arseniato de plomo, insecticida	1894	6 040	30.3
Sales de mercurio, fungicidas	1890	2 419 240	20.9 de Hg
Sales de cobre, fungicidas	1885	68 000	468.4 de Cu
Estricnina, rodenticida	1820		<0.5
Captan fungicida	1949	169 600	332
Dalapón, herbicida con ácido tricoloacético	1953		
2, 4 D, herbicida con ácido fenoxiacético	1942	>40 000	
MCPA, herbicida con ácido fenoxiacético	1940	2 116 000	4 750
Paraquat, herbicida de amonio cuaternario	1958	>3 000	>3.3
Simazine, herbicida de triazina	1955	>2 000	>2.2
Urea, herbicida	1951	>8 000	>4.5
Ditiocarbamato, herbicida	1931	448 000	315.1
DNOC, herbicida e insecticida orgánico	1892	>4 800	>8
Aldrin, insecticida orgánico clorado	1949	90 000	137
BHC (+Lindano), insecticida orgánico clorado	1942	1 015 600	117
DDT, insecticida orgánico clorado	1944	104 800	262
Dieldrin, insecticida orgánico clorado	1949	196 000	50
Endosulfa, insecticida orgánico clorado	1956	5 200	6
Endrin, insecticida y rodenticida orgánico clorado	1951	800	17-43
Azinphos-Metil, insecticida orgánico clorado	1951	46 000	5
TDE, insecticida orgánico clorado	1944	(V. DDT)	
Azinphos, Metil, insecticida fosforado	1953	22 800	10.1
Demeton-Metil, insecticida orgánico fosforado	1951	150 360	97.5

Toxicidad en partes por millón (dosis que produce la muerte del 50% de los individuos)			
Rata	Peces	Abeja	Soluble en agua, a; y persistente en el suelo, s
No tóxico			
10-50			s
14-210	0.005		a,s
140-300			a,s
16			
9 000-15 000			
6 590-9 330	255		a
400-666	125		a
700-800			a
157	45		a,s
5 000	44		a,s
3 400-7 500			(a),s
867-7 500	3.4-22.4		a
7-40		23	(a)
10-67	0.02-0.1	2.5	(s)
125-200	0.09	1.5	(a),s
113-800	0.01-0.4	4.6	s
34-100	0.13-0.24	2.5	s
40-50	0.00002	70	
0.0015-0.0003			
90-135	0.03		
2 500		160	s
16.4	0.13		(a)
40-180	9.6	6.4	a

Bruno estaba impresionado. Él pensaba que la contaminación sólo era ese aire rojizo y denso que alguna vez vio desde un avión, el que le hacía sentir la nariz y la garganta resecas, el que evitaba que usara el coche de su papá ciertos días o ir a correr temprano. No, no podía tocar los ritmos de una canción victoriosa con los herbicidas capaces de causar daños genéticos irreversibles en las poblaciones y cuyos alcances aún eran inciertos. Guaqui seguramente apelaba por un uso racional de los herbicidas, o por un herbicida que permitiera la existencia de los alimentos. Algo así como herbicidas para comer, no para matar. Ése era un buen título de canción. Bruno siguió leyendo:

El empleo de insecticidas para controlar plagas puede reducirse mediante el control biológico con depredadores naturales de ciertas especies. Una fábrica de moscas estériles en Tapachula, Chiapas, es un notable experimento de un método de control que no contamina.

Baldo agregó de su puño y letra un nuevo paréntesis en esta sección: "Nos espera un planeta de cadáveres de moscas. ¿Eso no es contaminación?" A Bruno la imagen le pareció espeluznante. Más abajo seguía la lectura:

Los fertilizantes aumentan el rendimiento por hectárea de los cultivos. Gracias a ellos es posible una producción de alimentos más rápida y con una masa proteica mayor. Sin embargo, el uso inadecuado de los fertilizantes que contienen fósforo y nitrógeno, por ejemplo en laderas de montañas que han sido desforestadas para el cultivo, provoca su acarreo en épocas de lluvia con la consiguiente **eutroficación** de los cuerpos de agua a donde desembocan los escurrimientos. La eutroficación es el crecimiento excesivo de la flora y fauna de los cuerpos de agua por abundancia de nutrientes. Los primeros en aprovechar el nitrógeno y fósforo disuelto en el agua son el fitoplancton y las algas macroscópicas. Su crecimiento en abundancia y su consiguiente descomposición consumen gran cantidad de oxígeno del agua. El agua se vuelve un sustrato deficiente para los siguientes animales de la cadena trófica. Baste como ejemplo la proliferación del lirio acuático —una curiosidad que doña Carmelita Romero Rubio, esposa del presidente Porfirio Díaz, importó de oriente para adornar jardines— y que en muchos embalses de este país constituye una verdadera plaga. A sus anchas, en un medio rico en nutrientes por el acarreo de los fertilizantes, o por las aguas negras que allí desembocan, se multiplica y constituye un verdadero tapete vegetal que no sólo agota el oxígeno del embalse sino que impide la entrada de luz solar para que puedan realizar la fotosíntesis otros productores primarios.

Allí estaba otro tema de canción, pensó Bruno divertido, algo así como: "Te invito a caminar sobre la alfombra vegetal, flor de lirio acariciará tus plantas, para que ni siquiera escuches las bocandas de los peces muertos, del plancton microscópico que marchita sus formas. Un imperio oriental agota el agua, su reinado es ejemplar, ha de hacer de los lagos pantanos, donde tú no podrás andar más. Aprovechemos para soñar esta alfombra vegetal". Sin querer, ensayando esas imágenes, a Bruno se le había ocurrido lo del pantano. Tenía lógica, seguramente lo había leído y archivado en algún surco de su cerebro. El lirio evaporaría a través de sus enormes hojas gran cantidad de agua, eventualmente el lago sería una ruina seca y lodosa, plagada de los bulbos con que flotan estas plantas singulares. Bruno había visto vacas caminando a orilla de los lagos donde una aureola de lirios muertos servía de alimento a los rumiantes. Recordaba claramente el olor nauseabundo.

No era tan fácil elogiar lo que después era muerte y lugar insalubre. Pero lo del tapete vegetal no estaba mal. ¿Y, además, cómo se iban a cultivar alimentos y evitar que escurrieran los fertilizantes al agua? Si fertilizar era dar vida. Tal vez, se le ocurrió de pronto, había maneras de evitar estos escurrimientos cuando se cultivaba en laderas. Pero siempre que algo positivo se le ocurría, la imagen de Baldomero Gauqui aparecía como un foco rojo. Vaya que era un tipo extraño, que les ofrecía el estrellato y el patrocinio y los ponía a estudiar y a componer. "Sólo se vive una vez" era su lema. Siempre que lo decía miraba a Leona que con ojos de borrego suspiraba encantada.

8

Magali estrella

En México se produjeron, en 1996, aproximadamente 32 mil millones de toneladas de basura

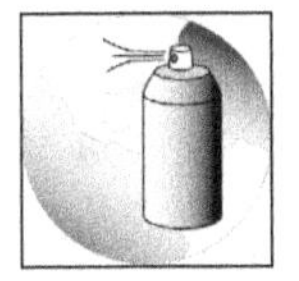

Frente a un espejito en la terraza que daba al jardín, Magali ensayaba pintarse los labios con el lápiz pardo que le había regalado Leona. Con los papeles que debía estudiar desparramados al frente pensaba que las cosas no podían estar mejor. Por primera vez tenía la posibilidad de ver a Manuel casi todos los días. Por primera vez era ella la estrella y no Irene, que con sus buenas calificaciones y su simpatía era la más popular del salón. Menudita, baja, con el pelo castaño muy corto, hacía dibujos de cómo sería la mejor manera de acomodárselo. Había mucho que hacer antes de ser la cantante de Planeta Gris. Por ejemplo, aprenderse las letras que Julio escribía y leer los documentos que les había dejado Baldomero Guaqui. Extrañaba la escuela pero no tanto. Gozaba practicar y dar salida a su voz aguda y nostálgica, para las canciones más toscas y los coros, las voces de los muchachos darían el tono preciso. Dejó de divagar y leyó:

Los desechos sólidos

En Estados Unidos anualmente cada habitante arroja 260 kg de papel y cartón, 140 kg de latas, 125 kg de botellas de vidrio, 18 kg de plástico, 9 kg de hule y 3 kg de envases de aerosol. Esto sólo en el rubro de desechos domésticos. En México, en 1995 se produjeron aproximadamente .900 kg de basura por día por persona; 14% fueron papel y cartón; 1.49% textiles; 4.38%, plásticos; 5.9%, vidrios; 2.9%, metales; 52.4%, basura de origen orgánico y 18%, basura variable —residuos finos, hule, pañales desechables, etcétera.

Cuando Magali vio estas cifras pensó en lo útil que resultaba la recolección de basura clasificada. Los productos de papel, los de vidrio y los de aluminio se podían reciclar. Los propios textiles también, si se separaran por color. Con la materia orgánica se podía preparar la composta, que era un abono muy fértil, no químico y fácil de obtener de manera comunitaria o doméstica. Sabía que los primeros esfuerzos ya se habían echado a andar en su país.

Continuó con la lectura sin poder imaginar que una montaña de desechos podía ser algo plausible. No imaginaba lo que pretendía Baldomero con estas lecturas.

La basura se concentra en grandes tiraderos. Lo que podría ser só-lo un problema de contaminación de suelos, también afecta los mantos freáticos, es decir, las aguas subterráneas, ya que por **lixi-viación** los contaminantes se pueden filtrar en suelos permeables. Los grandes tiraderos son focos infecciosos, donde abundan plagas de ratas, insectos, bacterias. Incinerar la basura contribuye a la contaminación atmosférica. Los plásticos quemados son muy tóxicos.

Qué barbaridad, pensó Magali. Pero como si Baldomero Guaqui hubiera leído sus pensamientos, anotado en manuscrito estaba lo siguiente:

"¿Y qué debemos hacer? ¿Volver a las cavernas? Si los envases son maravillosos, el plástico es colorido e imaginativo. Además, sí es biodegradable. Que tarde algunos cientos de años es otro asunto. ¿Por qué deben ser las generaciones más jóvenes las que participen de un plan de austeridad ambiental? Ellos, que han crecido en el seno de la mercadotecnia, de la venta por folletos, que compran ro-pa en atractivas bolsas."

Magali sintió una leve angustia. Le parecía que el problema sí tenía solución. En un paréntesis pequeñito Baldomero había anotado "eliminador de basura, 200 dólares". Qué le importaba a Maga-li aquella discusión, si de lo que se trataba era de cantar rock, de recorrer los escenarios de la capital y luego de las otras ciudades del mundo. Se le ocurrió —imitando a Leona— que podría utili-zar un vestido hecho de envases de plástico. La moda del desecho, una aportación de Planeta Gris. Se lo diría a Baldo y Leona en el ensayo del jueves por la noche. Continuó:

Los contaminantes pueden ser biodegradables, no biodegradables y persistentes. Biodegradables son los desechos orgánicos —todas las cáscaras, hierbas, restos de alimentos, materia fecal, los nutrimentos de algunos fertilizantes y las aguas negras del drenaje. Estos contaminantes son eliminados por el ecosistema de forma natural, siempre y cuando no se sature el ambiente. Hay que controlar su manejo y su incorporación al ecosistema. Los contaminantes no biodegradables son los que no pueden ser destruidos por los mecanismos purificadores naturales. Tal es el caso de los metales pesados, las bacterias y ciertos componentes de los desechos sólidos; éstos pueden eliminarse con tratamientos específicos o evitando su incorporación al ambiente. Los contaminantes persistentes sólo se pueden destruir parcialmente o reducir sus efectos tóxicos a niveles menos peligrosos después de un largo tiempo de tratamiento. No deben entrar al ecosistema.

Los detergentes

El empleo de detergentes consume gran cantidad de oxígeno del agua y los productos de degradación son más tóxicos que el producto original. Los detergentes van a dar al mar y a los ríos como producto de desecho doméstico o industrial; su distribución allí depende de los patrones de circulación del agua, agitación y sedimentación de las partículas. Los contaminantes sedimentados en el fondo afectan a la fauna bentónica —los organismos que ocupan el estrato más profundo del mar—. Los detergentes alteran los intercambios de las membranas celulares, las fases de la actividad respiratoria y la conducción del sistema nervioso de muchos organismos. En ciertos moluscos bivalvos se ha reportado una disminución en el movimiento de sus valvas y la pérdida del reflejo para enterrarse. Las dificultades para alimentarse repercuten en la talla de los peces.

Los detergentes interfieren en el proceso de autopurificación de las aguas marinas que son capaces de destruir bacterias fecales en menos de ocho días. Es necesario enfatizar el uso de los jabones de pasta.

Aquí Magali notó otro paréntesis (jabones Planeta Azul) escrito dentro de él, en un lápiz muy tenue como si sólo fuera una acotación personal de Guaqui. ¿Se habrá equivocado?, ¿qué no era Gris?

Top secret:

Pesticidas persistentes

El DDT (tricloro-difenil-tricloretano), que pertenece al grupo de los insecticidas órganoclorados (el otro grupo es el de los organofosfatados), comenzó a utilizarse en la segunda Guerra Mundial. Su uso permitió el control de pulgas, chinches y otros insectos transmisores de enfermedades. El paludismo prácticamente desapareció entonces con el uso del insecticida. En México, hace 40 años, alrededor de 30 mil personas morían de paludismo. El 60% del territorio mexicano es un área propicia para el desarrollo del vector de la enfermedad, el mosquito anófeles, por lo que una parte importante de la población se encontraba en riesgo de contraerla. El DDT ha constituido la opción más económica para el combate del mosquito, pero su uso está restringido a la aplicación en campañas sanitarias. El DDT también incide sobre los insectos transmisores de otras enfermedades como el dengue y la leishmaniasis.

Al principio el rendimiento de las cosechas fue muy alto. Sin embargo, sus efectos secundarios se habían investigado muy poco. A la larga los individuos resistentes al insecticida sobrevivieron y heredaron la capacidad de resistencia a sus descendientes. El DDT —como todo factor ambiental— estaba funcionando como una pre-sión de selección. Esto obligó a dosis más fuertes que también afec-taron a aves, mamíferos y al hombre mismo. De los pesticidas de naturaleza orgánica, los hidrocarburos clorinados como el DDT permanecen en el suelo mucho tiempo después de haber sido aplicados. Éste puede ser consumido por otros anima-les y acumularse en los tejidos grasos y en órganos internos, con peligrosas consecuencias. Tiene efectos significativos en aves como el pelícano marrón, el hálito y el águila; en concentraciones de 0.6 mg/kg reduce la reproducción. Es muy tóxico para los peces; la dosis letal en el pez perca boca grande es de 1.5 mg/l, y en concentraciones tan bajas como 0.3 mg/l causa severos daños en los invertebrados acuáticos. En 1970, no había duda que el DDT y sus derivados interferían en el metabolismo de las aves lo que se reflejaba en la producción de huevos de cascarón muy fino o sin cascarón. Muchas de las aves marinas de las costas del Mar Báltico y de los Estados Unidos, como los pelícanos, cormoranes y gaviotas que se alimentan de peces y crustáceos, presentan graves trastornos fisiológicos, sobre todo en sus funciones reproductoras. Se ha encontrado DDT desde la Antártica hasta Groenlandia, en áreas donde no se ha empleado pero ha sido acarreado por corrientes de agua o de aire (Véase la tabla 6).

Tabla 6.
Pesticidas en agua dulce

Especie	Salmo gairdneri (pez)	Lepomis macrochirus (pez)	Pteronarcy californicus (plecópetro)	Daphnia pulex (cladócero)	Simocephalu serrulatus (cladócero)
Temperatura	13°	24°	21°	21°	21°
INSECTICIDAS					
Endrin	0.5	0.3	1	20	26
Toxafeno	4	4	7	15	19
Dieldrin	5	6	1	250	240
DDT	5	5	16	0.4	2
Heptacloro	9	26	6	42	47
Lindano	22	53	2	460	520
Etilgution	23	2	8	3	4
Piretrinas	54	70	6	25	42
Malation	79	86	20	2	3
Diazinon	170	30	74	0.9	2
Sevin (carbaril)	2 000	2 500	15	6	8
HERBICIDAS					
Trifluralina	11	19	4 200	240	450
Sulfato de cobre	150	2 800	---	---	---
Hidram	290	475	700	---	---
2.4-D, PGBE	1 100	900	1 800	3 200	4 900
Silvex, PGBE	1 400	16 600	760	2 400	2 000
Diuron	4 300	7 400	---	1 400	2 000
Fenac, sal sódica	7 500	19 000	80 000	4 500	6 600
Diquat	20 000	19 000	---	---	---
Diclobenil	22 000	20 000	8 400	3 700	5 80
Arsenito sódico	36 500	44 000	80 000	1 800	1 400

Como los plaguicidas organoclorados son de amplio espectro, eliminan por igual a la plaga que se desea atacar como a su depredador, y alteran las redes tróficas del ecosistema con la consecuente fragilidad del mismo. El bajo costo para lograr mayor productividad y control de enfermedades transmitidas por mosquitos lleva a los países en desarrollo a utilizar estos pesticidas. Países como Suecia, Suiza, Gran Bretaña, tienen un estricto control en el uso de organoclorados. Hay otros plaguicidas con una vida media más corta que podrían sustituir al DDT, pero su costo es más elevado. Actualmente se estudia la elaboración de biocidas menos tóxicos y más selectivos. Por la persistencia y bioacumulación del Clordano y el DDT, países como Canadá y Estados Unidos, que han prohibido desde hace años su uso, todavía los encuentran como residuos en suelos, sedimentos y en tejido adiposo de diferentes especies.

"Antes hay que comer", aparecía en manuscrito al final de esta hoja singular.

Cuando Magali acabó de leer aquella hoja titulada *Top secret*, sintió un extraño malestar. Le tocaba cantar al uso indiscriminado de pesticidas que se acumulaban peligrosamente en el tejido adiposo de mamíferos, aves y peces, que formaban parte de la dieta del hombre; le tocaba vitorear la producción de alimentos a tan alto costo. Esa hoja comenzó a perturbarla. Algo le indicaba que esos papeles que había leído habían llegado a sus manos por descuido del propio Guaqui. Un misterio.

9

Julio quiere ser John Lennon

*Los ecólogos han reportado que se observan alteraciones en la
conducta de ciertos organismos en los lugares donde ha habido
derrames de petróleo*

Lo malo es que a las personas más luminosas las
matan, pensó Julio en uno de sus ataques de pesimis-
mo. ¿Será ése el precio que hay que pagar? Volteó
a mirar el poster de John Lennon sobre su cabecera.
Cuando tenía 12 años, se hincaba en la cama frente a él y lo ala-
baba después de haberse cerciorado de que la puerta estaba bien
cerrada. Quería ser como él. Estaba dispuesto, era un romántico, a
que le costara la vida. Le gustaba la canción de "Imagina", ésa que
su padre lo hizo escuchar un día. Se concentró en los papeles que

tenía frente a él. El reto era hermoso: hacer canciones que tocaría un grupo ante el público.

Hubiera preferido dar a Manuel sus viejas letras, ésas que hablaban de su padre antes de que muriera, o de Verónica, la guapa prima de Monterrey, de la tristeza una tarde de invierno. Pero era mucho pedir, habría otro tiempo. Desde luego con un grupo que llevara otro nombre: Las tejas, Nada que hacer, lo que fuera. Planeta Gris sonaba tan sórdido. No se atrevía a confesarle su desaprobación a Manuel, ni a Bruno ni a Magali. Todos se veían tan entusiasmados en esta antesala al estrellato. En lugar de cantarles a las radiaciones nucleares le hubiera gustado componer un tango rock para Leona y Baldo. Leyó buscando los hilos de la inspiración, dando zancadas a la fama:

Contaminación radiactiva

El hombre ha buscado fuentes alternativas de energía, la fisión atómica libera energía que podrá ser utilizada por el hombre cuando las reservas de hidrocarburos del planeta se hayan terminado. Las plantas nucleares producen **desechos radiactivos** que se han sepul-tado en lugares conocidos como cementerios nucleares. Su problema no es el volumen sino que puedan permanecer miles de años sepultados sin riesgo alguno para los seres vivos. Algunos contenedores con desechos radiactivos, depositados en fosas marinas profundas, han sufrido fugas. Almacenarlos en minas de sal abandonadas no ofreció los márgenes de seguridad requeridos. Colocarlos bajo las capas de hielo del Antártico puede producir cambios climáticos y geológicos impredecibles. Sin embargo, los contenedores son recipientes herméticos e invulnerables a las radia-ciones; la contaminación radiactiva proviene principalmente de la que vierten las centrales nucleares y las fábricas dedicadas al tratamiento de combustibles irradiados.

La obtención de combustible nuclear se hace a través de varios procedimientos, entre ellos: la extracción del mineral, su lavado y concentración, separación química de los isótopos y la formación de lingotes. Estos combustibles radiactivos artificiales se obtienen a través de la **fisión** de los materiales que se localizan en los reactores o mediante la activación producida por el bombardeo de neutrones de los elementos estables que hay en las propias instalaciones. Así, el agua que se arroja al mar o ríos transporta productos peligrosos. Las sustancias radiactivas en el mar se acumulan en el fondo y en los organismos. Aunque hay mayor concentración en los organismos menos complejos, o los primeros de la cadena alimenticia, los organismos más evolucionados son más vulnerables a la radiación. El hombre puede sufrir las consecuencias de este tipo de contaminación al bañarse con estas aguas o ingerir animales que han retenido sustancias radiactivas.

Otras fuentes de contaminación radiactiva son los reactores de propulsión de los buques, los ensayos de armas nucleares y los ac-cidentes en las instalaciones nucleares, que por lo mismo tienen un sistema de altísima seguridad.

La radiación nuclear puede producir alteraciones como leucemia, cáncer del sistema nervioso central, carcinoma pulmonar, tumores óseos, cáncer de la tiroides. Los elementos radioactivos que presentan concentraciones más elevadas en los seres vivos son el cerio 144, el hierro 59 en algas y peces; la plata 110 en algas e inverte-brados, y el manganeso 54 en algas, invertebrados y peces. Actualmente se desarrollan nuevas tecnologías que permitan disminuir la peligrosidad de los desechos radiactivos: por ejemplo, el bombardeo de neutrones para producir elementos no radiactivos. No podemos permanecer de brazos cruzados, hay que buscar nuevas fuentes de energía porque el uso de los derivados del petróleo, si bien revolucionaron al mundo, son finitos.

Temas para pensar, se dijo Julio. Balanzas donde riesgos y beneficios debían ponderarse. Una oda a la energía nuclear era lo que se le antojaba hacer, un aullido al futuro, al que seguramente les tocaría. Siguió leyendo después de echar una mirada a los espejuelos de John Lennon. Se acordó de que había leído en una revista reciente que Francia había cesado sus pruebas nucleares en el mar. Siguió leyendo:

El petróleo

No toda la contaminación de aguas oceánicas por petróleo ha sido ocasionada por las actividades humanas. Hay fugas naturales de los yacimientos de petróleo en los fondos marinos, como los que ocurrieron hace milenios en las costas de Florida, México, Cuba y el Golfo Pérsico. La cantidad de hidrocarburos vertidos al mar anualmente es de alrededor de 2.5 millones de toneladas, según recientes investigaciones. La mitad proviene de la actividad industrial en el continente, el 43% corresponde a la vertida por los barcos y el 6% aproximadamente a la explotación del petróleo en el mar. Hay que recordar que el petróleo es un hidrocarburo de origen fósil. El sedimento de algas marinas, particularmente diatomeas que tienen un alto contenido de silicio, en el fondo de los mares, o en la masa continental donde hace miles de años hubo mares, ha dado origen a los mantos petrolíferos. Cuando ocurre un derrame de petróleo, parte del hidrocarburo se evapora, después de algunos días se pierde del 25 al 30%, y lo que queda concentra su toxicidad. Agentes como el detergente o los pesticidas potencian el efecto contaminante de los hidrocarburos ya que emulsionan la mancha y la dispersan. Es más fácil que sea ingerida en forma de pequeñas gotitas por los organismos, que si permanece como película sobre la superficie del agua. En el interior del zooplancton se han observado gotitas de aceite. DDT, Dieldrín y Aldrín, insecticidas que no son solubles en agua, sí lo son en los productos petrolíferos. Combinados así, los insecticidas no se degradan, se vuelven prácticamente inertes. Una peligrosa combinación.

Los insecticidas se concentran en los tejidos grasos de los organismos a lo largo de la cadena trófica, con consecuencias fatales en los niveles superiores. Afortunadamente, y por contraste, existen bacterias marinas con la capacidad de degradar o sintetizar hidrocarburos.

Físicamente, el petróleo también cubre como un manto negro a la fauna y flora bentónica y reduce sus posibilidades de oxigenación y alimentación. Los ecólogos han reportado que se observan alteraciones en la conducta de ciertos organismos en los lugares donde ha habido derrames de petróleo. Peces que normalmente navegan en el fondo del mar, como el bacalao y la anguila, lo hacen en la superficie.

Del puño y letra de Baldomero, Julio leyó: Una manera más descansada de pescar.

Julio no entendía cómo podía componer alguna canción basado en lo que acababa de leer. Esas líneas de Baldo sonaban a burla.

Del cajón del escritorio sacó los lentes —sin aumento— iguales a los de John Lennon. Se los colocó, mordisqueó el lápiz e intentó unas líneas:

> *Oro negro, oro nuclear*
> *el progreso ha mostrado dar*
> *oro negro, oro nuclear*
> *'ora no los pueden quitar*

Miró con satisfacción el estribillo y redactó con soltura una oda al petróleo donde omitió todos los desastres y consecuencias nocivas de su explotación. Es cuestión de evitar el uso de insecticidas, pensó Julio que ahora se había enterado de la peligrosa combinación. Se esforzó, como todo poeta, en encontrar la belleza en la densa y aceitosa superficie de un derrame de petróleo.

10

Manuel el director

Los niños que muerden lápices amarillos o de color tienen 30% más plomo en la sangre

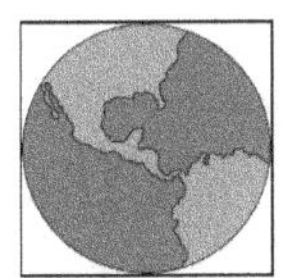

Manuel intenta concentrarse en los papeles que le dio Baldomero, ese tipo que un día llamó a casa y dijo que los había escuchado tocar la guitarra eléctrica cuando fue invitado a una cena en el mismo barrio de Manuel, y por eso había obtenido sus datos. Qué halagado se sintió.

—Ando buscando un grupo para promoverlo. Acabo de recibir una herencia y eso me parece buena inversión —dijo, para el asombro de Manuel.

Esa segunda parte de la conversación había sido en un café donde se citaron y donde llegó con su inseparable Leona.

—Tengo al resto de los integrantes de tu grupo. Son compañeros de la escuela, para que no haya conflicto.

Ante el gesto perplejo del muchacho, Leona tuvo que explicar.

—La directora de tu escuela es mi prima y nos facilitó algunos nombres cuando le explicamos este proyecto.

Y Baldo nombró a Julio, Bruno y Magali.

—Hay una chica que es buena para componer letras de canciones, hemos hecho algunas juntos. Se llama Irene, tal vez la podríamos incluir.

Baldo y Leona se miraron.

—No pueden ser más de cuatro integrantes de Planeta Gris... el presupuesto es limitado.

¿Planeta Gris? ¡Hasta el nombre tenían pensado! A Manuel le sorprendió su claridad y decisión. Cuando Baldomero le platicó que la juventud no tenía por qué pagar las consecuencias de la ineptitud para manejar el ambiente de las generaciones anteriores, a Manuel le comenzó a sonar lógico. La información que escuchaba desde la infancia parecía cargarlo de responsabilidad, las soluciones parecían estar en un oscuro cajón que nadie abría. ¿Por qué, si se sabía cómo evitar la contaminación atmosférica, no se hacía nada? ¿Por qué la ciudad no era un paraíso de vehículos eléctricos, hermosos camiones públicos donde el coche particular fuera un lujo de fin de semana? Tal vez no era urgente dar solución. Tal vez los habían estado llenando de un temor apocalíptico para controlarlos. Una vez leyó una pinta que le impresionó. "El mar azul, el bosque verde, la ciudad limpia, si tanto les preocupa señores gobernantes soluciónenlo". Esta conversación con el señor Guaqui lo hacía pensar que los mensajes para cuidar el ambiente eran demagogia. Estaba dispuesto a enfrentarlo con la música del grupo, que no podía llamarse más que Planeta Gris.

Se concentraba en su lectura; el jueves era el ensayo general con Guaqui, el primero antes de su audición en el deportivo de Toluca. Baldomero le había dicho que quería que él, como director del grupo, tuviera las nociones más amplias y generales, era la única manera de rebatir la verborrea sin sustento.

La **ecología** estudia las relaciones de los organismos vivos entre sí y con su entorno. Viene de la palabra griega *oikos*, que quiere decir **casa**. Es el estudio de la casa o el medio ambiente. Su unidad de estudio es el ecosistema; cuando éste tiene rasgos generalizables se llama **bioma**, y cuando se trata de toda la capa que sostiene la vida en el planeta, **biosfera**. Estas relaciones se dan esencialmente a través del intercambio energético y la construcción de biomasa. Son las redes tróficas donde productores, consumidores y descomponedores están relacionados estrechamente.

Manuel pensó en lo absurdo de una expresión como: "se ha dañado la ecología de la cuenca, o del bosque...", pues si ecología es el estudio de esos ecosistemas, lo que se ha dañado es el equilibrio o la **homeostasis**, la capacidad de regulación de cualquier sistema.

Continuó:

En este tejido fino donde todos los nichos ecológicos están bien distribuidos y ocupados, el flujo de nutrientes y energía permite la cohabitación de distintas poblaciones de diversas especies. Los contaminantes inciden directamente en esta trama en equilibrio. Un **contaminante** es toda sustancia o factor que provoque una alteración desfavorable en un organismo, población, comunidad o ecosistema. Puede ser la alteración en algún parámetro físico: la temperatura, sustancias químicas, radiaciones, un depredador, un virus, ruido, etcétera.

La lectura inquietó a Manuel. Le parecía que la verborrea sí tenía un sustento científico. Su idea de la demagogia en los mensajes sobre el medio ambiente se empezó a derrumbar. Él, que quería ser astrónomo, y por lo cual iba a estudiar física como su tío Miguel Ángel, respetaba enormemente la lógica científica. Era la única manera de entender los fenómenos de la naturaleza.

La pantalla de su computadora empezó a parpadear. Tenía correspondencia. Cuando las cosas no le cuadraban, como le comenzaba a suceder, prefería rehuirlas. Encontró en su correo electrónico el siguiente mensaje:

Manuel:
Te he llamado varias veces, pero no respondes la llamada. Tu mamá dice que estás ensayando y ensayando. ¿Por eso no has vuelto a la escuela? Ya se acabó el castigo, o ya te gustó el castigo. No, en se-rio, Manuel, necesito tu ayuda para los eventos con que cerraremos la Semana de la contaminación que por tu culpa y la de tus cuates se le ocurrió a Dolores, la directora. Tengo una canción y me gustaría que le pusieras melodía. Y hasta te propongo cantarla juntos para el cierre. Di que sí. Si no me contestas ni por éste tu medio favorito, no sé que...

Irene

Manuel sonrió, Irene no se había atrevido a concluir. Temía en verdad que no le contestara. La carta parecía desesperada. Era cierto, su mamá le había dado varios recados. Pero ahora que sabía para qué lo buscaba su compañera, por supuesto que no le podía contestar. Él tenía otros planes para ese día.

Imaginarse rasgando el bajo lo transportaba lejos de toda filosofía ambiental, de todo propósito. Eso era lo que él quería, que sus melodías fueran interpretadas, escuchadas, aplaudidas. Hasta un disco había prometido Baldo, así es que más le valía no ponerse blandito. Ni aunque extrañara el olor de Irene cuando codo con codo se ponían a embonar letra y música. Eran canciones más bien dulces. A Irene no le gustaba el rock pesado. Pero qué bien olía. Un día se había recostado en su hombro, sólo para estar más cerca del cuello de la muchacha. Se le antojaba besarlo. Sólo una vez, en una despedida, después de haber estado en su casa haciendo una investigación, rozó descuidadamente sus labios al despedirse. Le gustaría repetirlo, con más atrevimiento tal vez.

Regresó a la computadora, pulsó borrar y archivó el recuerdo de Irene. Tocaba concentrarse:

En el caso de la contaminación por **sustancias químicas**, la toxicidad es uno de los criterios para clasificarlas: las hay nocivas aun en dosis muy bajas como algunos tipos de radicación y metales pesados como el mercurio y el plomo, y otras que son peligrosas si rebasan ciertas concentraciones como el nitrógeno, fósforo y car-bono, entre otras.

El **plomo** es un metal persistente y bioacumulable, con efectos tóxicos particularmente peligrosos para los niños, pues el desarrollo neurológico puede verse afectado a concentraciones muy bajas y mucho menores que las que producirían efectos adversos en los adultos. Una de las fuentes más importantes de exposición humana al plomo son las gasolinas en las que se emplea tetraetilo de plomo como antidetonante; se ha comprobado que eliminar el plomo en la composición de la gasolina constituye una de las medidas más efectivas para reducir riesgos. Otros productos que contienen plomo y han sido asociados a la intoxicación humana son las pinturas a base de carbonato de plomo y la loza vidriada con plomo y cocida a bajas temperaturas. En México ya se ha desarrollado un barniz vidriado sin plomo. La extracción y beneficio de minerales que contienen plomo (la plata entre ellos) así como las plantas que utilizan diversos compuestos de plomo como materia prima emiten partículas de este metal al ambiente. Se ha investigado la cantidad de plomo en la sangre de niños que habitan diferentes áreas de la ciudad de México; un estudio de 1996 indica que aquellos que habitan en los lugares de mayor tráfico tienen una mayor concentración de plomo en la sangre; los niños que muerden lápices amarillos o de color tienen 30% más plomo en la sangre; el mismo riesgo se presenta en los niños que viven cerca de una gasolinera. Niveles altos de plomo en la sangre se han asociado con peso bajo al nacer, desarrollo neurológico deficiente y otras enfermedades. Aparentemente el plomo interfiere en la captación de yodo por la glándula tiroides al igual que en la actividad de la hormona somatropina. Otros daños son la pérdida del oído, reducción de la capacidad de concentrarse y aumento de la agresividad.

El **mercurio** es un metal persistente y bioacumulable a lo largo de la cadena trófica; cuyos efectos tóxicos pueden llegar a ser devastadores en humanos. Al igual que ocurre con otros metales, como el plomo, las especies y compuestos químicos del mercurio varían en cuanto a biodisponibilidad. Por su volatilidad puede transportarse y depositarse lejos de las fuentes generadoras. Es una de las cuatro sustancias tóxicas persistentes y bioacumulables sobre las que se desarrollan planes de acción y cooperación regional.

Los residuos generados por la actividad industrial pueden considerarse peligrosos si poseen algunas de las características CRETI, es decir si son Corrosivos, Reactivos, Explosivos, Tóxicos o Inflamables. En México, el 65% de los **residuos peligrosos** se generan en el centro del país. Esta zona, junto con el norte, genera el 90% de los residuos peligrosos que se producen en el país. Entre las industrias que los producen están la química básica, secundaria y petroquímica, que aportan el 40%; les siguen la metal-mecánica y metálica básica, que aportan el 10%, y la industria eléctrica, con un 8%. Se estima que sólo el 12% de los residuos peligrosos generados en el país reciben un manejo adecuado. Los demás se eliminan de forma clandestina en el drenaje, barrancas, cuerpos de agua y tira-deros municipales de basura, entre otros. Es urgente crear instalaciones que den un manejo seguro y ambientalmente adecuado a este tipo de residuos.

(La letra manuscrita de Baldomero aparecía al margen: Renta de tiraderos de residuos peligrosos.)

Manuel cerró el folder con los papeles, y cruzó los brazos detrás de su cabeza. La información le pesaba como el plomo, el mercurio y la negligencia. Ahuyentó los pensamientos que lo obligaban a la preocupación y búsqueda de soluciones. Él sólo quería ocuparse en las melodías que tenían que estar listas para el ensayo. Pensó en sus planes para el cierre de la Semana de la contaminación, que no les podía contar a Irene, tampoco a Baldomero Guaqui, y que mañana después del ensayo se los platicaría al resto del grupo.

El plan de Manuel

Magali lo abrió como si fuera su regalo de cumpleaños y fue pasando las camisetas color humo con la leyenda "Planeta Gris"

 Ese miércoles, a la salida de la escuela, con prácticamente todos los cartelones colocados en los páneles a manera de exposición sobre los temas de la contaminación, Irene se acercó a Martín.

—En la tarde voy a plantarme en casa de Manuel. Le he mandado hasta un *e-mail* y no me responde. Me parece muy raro.

—O muy descortés —agregó incisivo Martín. Sabía que Irene y Manuel se gustaban—. ¿Necesitas compañía?

—No estaría mal.

Se citaron a las seis en la esquina de la calle donde vivía Manuel y caminaron juntos hasta la puerta. Afuera había un Corvette negro estacionado, que no le conocían a la familia de Manuel.

—A lo mejor hay visitas —repeló Irene, con cierta timidez.

La cochera de puerta blanca estaba al nivel de la acera. Para entrar a la casa había que subir unos escalones hasta la puerta principal. El sonido de la batería detuvo sus pasos, después oyeron el bajo y un teclado. Contuvieron la respiración. Una voz tenue de mujer cantaba.

—Es la batería de Bruno —susurró Martín, con el oído pegado a la cochera.

—¿A poco la que canta es Magali? —agregó Irene, sorprendida, mientras bajaba los escalones con sigilo.

—Tienen un conjuntazo —alabó Martín.

—¿Le entiendes algo?

—No se qué del petróleo —dijo Martín después de esforzarse un rato.

Irene buscó rendijas en la puerta blanca por donde mirar. En una de las orillas, la puerta parecía no embonar bien. Cerró un ojo para poder ver mejor. Como un rompecabezas pudo distinguir la batería de Bruno; había un nombre pintado en ella, "ta Gris" fue todo lo que alcanzó a ver. Deslizó su cuerpo hacia abajo para tener otro ángulo. Vio una pierna de Magali, y a Manuel con el bajo, Julio también debía estar allí. Hizo una seña para que Martín se acercara, era justo que le compartiera el espectáculo. De pronto otra figura femenina se acercó a Magali, vio unos pantalones plateados y una blusa de gasa negra. La mujer rubia acomodaba el pelo a Magali que lo había engomado todo hacia atrás.

—Déjame ver —interrumpió Martín.

—Espera, espera, hay alguien allí que no conozco, pero que me parece que sí.

—Hazte a un lado.

Contra su voluntad, Irene dejó la rendija a Martín. Se hizo un largo y pesado silencio; habían concluido la pieza. Irene, con la oreja pegada al metal de la puerta, escuchó una voz de hombre que no era la de los chicos.

—Son ellos —dijo Martín, contundente, mirando a Irene.

—¿Quiénes ellos?

—¿Esperas a alguien? —preguntó Baldomero Guaqui a Manuel. Habían escuchado sus voces. Le señaló los bordes de los zapatos que alcanzaban a verse al final de la puerta.

—Ahora veremos quién quiere estar donde no ha sido invitado —contestó Manuel.

La reja eléctrica comenzó a elevarse y dio apenas los segundos suficientes para que Irene y Martín se ocultaran en los setos a la vuelta de la casa.

Todos salieron esperando ver a alguien correr despavorido.

—Por aquí hay muchos niños que salen a jugar. Les habrá llamado la atención la música —explicó Manuel al no ver a nadie—. Y corren más rápido que cualquiera de nosotros.

Se despidieron allí en la banqueta. Irene y Martín pudieron escuchar desde los setos, con las piernas acalambradas y los arañones de las varas en la cara:

—Bueno, creo que es buen momento de despedirnos, muchachos. Han hecho un trabajo excelente.

—Ya les dejé la ropa para que se la prueben con calma —agregó Leona dulcemente.

Para entonces Irene tenía perfectamente claro que "ellos" eran los sujetos a quienes habían pedido información sobre la mascarilla anticontaminación. Los del grupo SOS Ambiental que estaban invitados dentro de dos días a exponer en la Semana de la contaminación.

—Dentro de tres semanas comienza la gira de Planeta Gris. El repertorio ya está completo, falta el dominio y cierta coreografía. Ya Leona se encargará de sus movimientos.

—¿Le gustó la "Oda al petróleo"? —preguntó Julio, mientras pensaba en sus gafas estilo John Lennon.

—Me gustó —dijo tajante Baldomero—. Lo de la alfombra negra, densa y energética es una buena imagen.

Antes de subirse al auto, Baldomero preguntó con interés fingido.

—Chicos, ¿ya no piensan volver a la escuela esta semana?

—Para qué, si es la última —afirmó Manuel.

Irene y Martín esperaron a que el Corvette negro arrancara y el motor de la reja eléctrica ya no se escuchara para salir de los arbustos. Ya no pasaron frente a la casa de Manuel, dieron toda la vuelta a la manzana para salir de allí. Irene sabía que no tenía caso tocar en esa puerta. Era otro el sitio donde era urgente entrar.

Manuel les cuenta su plan

Magali destapó los refrescos y los pasó a los muchachos. Se sentaron en el piso, entre los instrumentos.

—Vientos —exclamó Bruno—, salió de peluche.

—No estuvo mal —dijo Julio—. Todavía quiero hacer unos arreglos a "La hora de los decibeles".

—¿Entonces es un hecho lo de Planeta Gris este verano? —preguntó Magali, que todavía no creía que fuera cierto ese sueño con un hado y un hada madrina, apuestos y generosos.

—Clarines —contestó Bruno, siempre optimista—, ¿para qué crees que es la ropita que está en ese paquete?

Magali lo abrió como si fuera su regalo de cumpleaños y fue

pasando las camisetas color humo con la leyenda "Planeta Gris" en negro, con bordes rojos. Bruno verificó que fuera igual a la inscrita en la batería. La chica encontró su pantalón metálico y se lo puso encima. Se sintió toda una cenicienta lista para el baile.

—Lástima que falte tanto para empezar a usarlos —suspiró Magali.

—¿Tanto? —intervino Manuel—. Si sólo faltan dos días.

—Te equivocas —precisó Julio—, Baldo dijo dos semanas.

—El viernes los estrenaremos —agregó Manuel, como si no los hubiera escuchado.

—¿Qué dices? —preguntó Bruno.

—Este viernes haremos nuestro debut en la Semana de la contaminación. ¿O qué, pensaron que ya no regresaríamos a la escuela? Hay que irse a despedir.

Los tres lo miraron sin creerlo.

—¿Lo dices en serio, Manuel? —preguntó Magali.

—Completamente, será una gran sorpresa para Dolores.

—¿Y qué va a decir Baldo? Le dijiste que ya no iríamos más a la escuela este año.

—No tiene por qué enterarse. Es solamente un ensayo general, con vestuario y todo. ¿O no somos profesionales?

—*Of cors mai hors* —payaseó Bruno.

—Nos vemos aquí el viernes a las 10 de la mañana para irrumpir en el patio al momento de la clausura.

—Gris, gris, gris —gritaron a coro su porra de la hermandad.

Expertos en elevadores

*Se consideran aguas negras muy contaminadas las que contienen
más de 20 mil Escherichia coli fecales por litro*

Irene y Martín tuvieron que gastar algunos de sus ahorros en comprar esos overoles color caqui en el almacén de uniformes. Con pintura roja para tela y con mucho cuidado, Martín colocó en la espalda el logo de su empresa temporal: "Elevadores El Borrego"; metido en la caja de un elevador se veía a un borreguito. Lo había ensayado en papel varias veces explicando a Irene, a quien no convencía el nombre, que era por lo del chiste ese de "lana sube, lana baja, ¿qué es?". Una simpleza de Martín ante cuyo esmero en el dibujo, Irene aceptó. Esperaban en la acera frente al edificio de SOS Ambiental, con los overoles y las cachuchas puestas. Irene había cuidado de esconder su pelo y su rostro lo más posible. Martín se había pegado un bigote. Antes habían hecho una cita telefónica con Baldomero Guaqui; necesitaban más información sobre mascarillas, ¿no tenía otros productos que resolvieran problemas de la contaminación? Precisaban verse en un café pues preparaban todo para la exposición final al día siguiente y no les daba tiempo de ir hasta las oficinas. Baldomero picó el anzuelo. Ya se había encargado Martín de observar que cuando salían de ese edificio, Baldomero se adelantaba a sacar su flamante Corvette de la cochera y recogía a Leona en la puerta del edificio.

Así que cuando vieron la puerta del garage abrirse y la cajuela del auto negro asomar, supieron que era el momento de actuar. De prisa se metieron por la propia puerta que comenzaba a cerrarse y avanzaron hacia el elevador con la caja de herramientas que daba seriedad a su misión. En realidad allí traían una linterna, grasa para zapatos, una cámara, papel y lápiz. Baldomero apenas vio sus siluetas y el logo en sus espaldas. Estaba preocupado de no rayar su auto.

De prisa subieron al piso 9 donde había sido llamado el elevador. Era uno de esos edificios elegantes donde el elevador abre directamente en el departamento; no había otra manera de subir más que apretando una clave en el control del elevador, lo que Leona Smithers ya había hecho. Ella esperaba el elevador acomodándose el pelo cuando se abrieron las puertas.

—Mantenimiento, señora —se identificó Martín con la voz engolada.

—¿No demoran?

—No, lo de siempre, engrasar puertas.

Y al instante Irene se puso a untar la grasa de zapatos que traía en el maletín al borde de las puertas.

—Con permiso, muchachos. Me esperan.

Las puertas comenzaron a cerrarse.

—Nunca había visto a una mujer trabajando en esto —alcanzó a decir Leona mientras su cabeza se perdía en la rendija que engrasaban.

—¿Cómo lo pudo notar? —protestó Irene.

Martín la miró. El cuerpo, aunque enfundado en overol, era indiscutiblemente el de una muchacha.

Ruborizada por su propia pregunta, Irene volvió a la realidad.

—De prisa, busquemos el escritorio.

La sala estaba en penumbra, las persianas bajadas. No había ninguno de los carteles que decoraban la sala cuando habían venido.

—¿Y si subimos las persianas?

—Estás loco —protestó Irene—, saca la linterna.

Martín obedeció. Unas voces los paralizaron, se escucharon tacones.

—¿Cómo es posible que hayas dejado a esos técnicos en nuestra casa así nada más?

Era Baldomero. Martín se metió entre la silla y el escritorio, Irene detrás del sillón.

—Te hubieras molestado si me tardo más, Baldo —replicaba Leona como una niña regañada.

—En fin, ya no los veo por aquí.

—Dijeron que sólo iban a engrasar la puerta —se defendió Leona—. Ay. No andes dejando cajas en el camino, amorcito, ya me ensucié los zapatos.

Baldo, ni siquiera la oyó. Llamaba al elevador.

—Vamos, nos esperan esos chicos, nuestros primeros clientes ¿te das cuenta?

Escucharon la puerta del elevador abrirse.

Irene y Martín tardaron en salir de sus escondites. Temían cualquier regreso. Por ejemplo, que Leona protestara de nuevo por la caja con la que había tropezado, que no era otra que la caja de herramientas.

Irene salió primero. Se acercó a la ventana y espió entre las persianas. Vio el Corvette negro partir.

—Martín —murmuró— ya puedes salir.

El muchacho salió del escritorio.

—¿Cómo cupiste allí?

—El miedo hace maravillas —dijo Martín estirándose.

—No nos confiemos; a buscar en los cajones.

Irene hurgó en el cajón de en medio, donde estaba la papelería con el logo de SOS Ambiental. Martín empezó por otro cajón.

—Mira, aquí está tu foto.

—¿Qué dices?

Martín mostró a Irene el folder donde aparecían los compañeros expulsados, los mismos que ahora ensayaban canciones de rock.

—No entiendo a este hombre que promueve un grupo de rock y vende productos ambientales.

—Deja que veas esto, para que entiendas menos —extendió Martín un papel con una batería, donde aparecía la leyenda Planeta Gris. Era sin duda el nombre del grupo.

—A ver, a ver, se anuncia en Internet como una compañía que quiere salvar al planeta y el grupo de rock cuyos ensayos vigila lleva un nombre que no da la idea de salud. Planeta Gris.

—¿No oíste que Julio le preguntó si le había gustado la "Oda al petróleo"?

—Es cierto. No tratemos de armar aquí el rompecabezas. Cuando vean que no llegamos al café, volverán furiosos.

Los dos repasaron los archivos y por casualidad cada uno encontró documentos para los dos aspectos controvertidos de aquella singular pareja. Irene dio con una carpeta verde con las siglas SOS Ambiental en la cubierta. La puso en el centro del escritorio y la alumbró con la linterna.

Martín la interrumpió, enseñándole un fólder negro con el título *Top Secret*, dentro del cual había papeles llenos de información.

—Toma fotos mientras yo los repaso de prisa —dijo Irene, observando su reloj y tomando el fólder negro.

La marea roja

En los estuarios y zonas costeras donde los ríos desembocan cargados de nutrientes, producto de la fertilización o de aguas de de-secho industrial, se provoca un desequilibrio en el ecosistema. Ciertos organismos del plancton son favorecidos por esta situación y crecen en abundancia. Éste es el caso de las mareas rojas, donde unos protozoarios, los dinoflagelados, pueden alcanzar densidades de hasta 40 millones de individuos por cm^3 de agua. El meta-bolismo de estos organismos produce sustancias tóxicas que llegan a matar millones de peces y crustáceos. Eso ocurrió en 1948 con la marea roja en las costas de Florida.

Los estuarios, por ser lugares donde muchos organismos llevan a cabo parte de su ciclo reproductor, son espacios particularmente vulnerables a los efectos de los contaminantes.

Irene reparó en una anotación hecha a mano al final del documento:

"Líquido antimarea roja". Copió esa anotación en las hojas que traían. Siguió con la lectura mientras el flash de la cámara iluminaba intermitentemente la maraña de papeles sobre el escritorio.

Las aguas negras

Las aguas negras son desechos domésticos transportados por canales de desagüe a ríos y mares. Estas aguas contienen una gran cantidad de bacterias, particularmente *Escherichia coli*, que se encuentra en las heces fecales. Las bacterias coliformes pueden estar acompañadas de organismos patógenos, como la salmonella, responsable de las tifoideas y paratifoideas, amibas, el vibrión colérico. Se consideran aguas muy contaminadas las que contienen más de 20 mil *E. coli* fecales por litro; aceptables las que contienen menos de 500. (Se toman muestras de agua, se pone una medida precisa en un medio de cultivo en una caja de Petri y se hace un conteo microscópico de las colonias incubadas). En países poco desarrollados, las aguas negras son utilizadas para riego pues sirven como fertilizantes; es riesgoso comer vegetales o frutos crudos que hayan sido regados con ellas si no son previamente desinfectados. Las aguas negras son peligrosas en estuarios y mares pues contaminan la carne de moluscos como ostras, mejillones, almejas y de crustáceos como las langostas, jaibas y camarones que, al ser ingeridos por las personas, transmiten muchas enfermedades infecciosas. Esto ocurre cuando la concentración de bacterias es tan alta que rebasa la capacidad autodepuradora del medio marino. Éste tiene la capacidad de volver inertes a las bacterias fecales en un máximo de 8 días, por la salinidad, agitación, insolación y producción de antibióticos del fitoplancton.

Irene reparó nuevamente en la anotación al margen de la información: "¿pileta acuario para uso de varias unidades habitacionales". Y luego aparecía el croquis de una pileta inclinada con un motor a un lado.

Martín seguía tomando fotos.

—Tienes que ver esto, Irene.

La chica despegó los ojos de aquel trabajo minucioso. Frente a Martín estaban las siluetas de Julio, Bruno, Magali y Manuel ataviados con distintas ropas. Leona los había dibujado con toda precisión. Los personajes vestidos de color gris humo se veían modernos y siniestros, el detalle de las facciones donde proponía el maquillaje de los músicos era sorprendente.

—Hasta Magali se ve guapa —añadió Martín.

Irene no quería que la perturbara la imagen de Manuel. Le comenzaba a doler lo que le estaba sucediendo a su amigo, al único muchacho que le había robado el sueño, el único al que deseaba mirar todos los recreos y en cada juego de básquetbol. Allí, detenido en el papel, era solamente un títere de los deseos macabros de Baldomero Guaqui y Leona Smithers. Las piezas empezaban a tener cierta escabrosa lógica. Irene vio el reloj. Llevaban 15 minutos hurgando, debían darse prisa.

Contaminación térmica

Ciertas industrias —refinerías, plantas petroquímicas, centrales eléctricas y nucleares, entre otras— emplean agua de mar que aspiran por ductos especiales para los circuitos de refrigeración de las instalaciones industriales costeras. El agua que se expulsa al mar es 6 a 10 °C más caliente, lo cual afecta sensiblemente al plancton y altera el metabolismo o ciclo reproductor de ciertos peces y otros organismos, provocando estados de desnutrición y reproducción precoz que merma la fecundidad de las hembras. En los mares tropicales donde la temperatura promedio es de 36 °C, una elevación significa la muerte del plancton, vegetación enraizada y corales. En los estuarios donde hay gran cantidad de huevecillos y juveniles de peces y crustáceos los efectos son notorios. Desde luego, los cambios en los estratos de las poblaciones de diferentes especies altera la relación depredador-presa, con el consecuente desequilibrio.

—Me empieza a abrumar la cantidad de datos y la repercusión en el ambiente de las diferentes actividades del hombre —dijo Irene cansada.

—Se ve que hasta se te pegaron las palabras de lo que estás leyendo —dijo Martín—. A ver, yo te relevo en esa lectura y tu ojea la carpeta verde bonita, porque en cinco minutos hay que salir pitando o convertirnos en mártires de SOS Ambiental.

Irene cedió la linterna a su colega y se dispuso a disfrutar esa carpeta que parecía catálogo de modas. Martín iluminó la última hoja:

Sustancias tóxicas

El cloro que se utiliza en las fábricas y se vierte al mar posteriormente en altas concentraciones es tóxico para algunos organismos: destruye al fitoplancton y reduce la actividad reproductiva de numerosos invertebrados marinos pues elimina los espermatozoides de crustáceos y moluscos. El fósforo es mortal para algunas especies marinas pues desintegra la hemoglobina de especies como el arenque y el salmón. El flúor que vierten las industrias de aluminio se acumula en los tejidos de los peces, de los que se alimenta el hombre posteriormente. Los metales pesados son los más peligrosos. Un derivado del mercurio, el dimetilmercurio que fue arrojado en la bahía de Minamata en Japón, se acumuló a lo largo de la cadena trófica y fue ingerido al consumir crustáceos, moluscos y peces. Muchas personas padecieron lesiones cerebrales y muerte. Los metales pesados se distribuyen en diferentes zonas del mar a través de la cadena trófica, en función de su absorción por arcillas o partículas orgánicas, como las mudas de crustáceos que tienden a depositarse en el fondo. En los caparazones de los copépodos del zooplancton se ha encontrado arsénico, cadmio, hierro, manganeso, níquel, plomo, estroncio, cobre, zinc. El cobre, el cobalto, el plomo y el zinc se concentran en los ostiones y peces planos, como el lenguado; el mercurio en los moluscos y peces, como la trucha y el atún.

Esta vez fue Martín el que se sorprendió al ver anotaciones en caligrafía veloz: "sustancia detectora de metales pesados en alimentos".

El rompecabezas

Todo aquello que parecía un tormentoso rompecabezas se empezó a colocar en armónicos parches, como los cristales dentro de un caleidoscopio, cuando Irene abrió la hermosa carpeta verde con elegante portada de SOS Ambiental. Los dedos de la joven fueron recorriendo fotos, especificaciones y detalles enmicados impecablemente, donde se señalaban las bondades de cada uno de los productos que salvarían el planeta y que SOS Ambiental ponía a disposición de los hogares, escuelas e industrias del planeta agredido. Irene observó la mascarilla, luego el jabón de pasta no fosfatada, el líquido antimarea roja, los contenedores herméticos para desechos nucleares, los biocidas selectivos, los esterilizadores domésticos para moscas, el frasquito para rociar pescado y camarón y verificar la existencia de metales pesados, el estanque doméstico para tratamiento de aguas negras, el recipiente para fabricar composta con la basura orgánica y controlar olores, el filtro de decibeles colocado estéticamente en el oído, hasta los pants para hacer ejercicio decorados con amplificaciones de organismos planctónicos. Irene ya no tuvo tiempo de mostrarle a Martín nada. Guardaron todo y apenas tuvieron tiempo para tomar el elevador, cuando Baldomero y Leona metían el Corvette negro de nuevo al garage de puerta eléctrica.

Corrieron hasta la esquina como si los fueran persiguiendo. No habían tenido la precaución de ponerse guantes y habían entrado en propiedad privada. Eran delincuentes pero sabían que con las evidencias a cuestas la justicia estaría de su lado. Entraron a una cafetería y cada cual se despojó de su overol. Necesitaban tomarse un refresco mientras esperaban el rollo de fotografías que dejaron a revelar en la esquina anterior.

¡Qué plan había hecho Baldomero Guaqui! Los muchachos estaban asombrados. Todas aquellas anotaciones bajo cada documento con información referente a la contaminación se habían convertido en productos para la venta, con su precio de lista desde luego, y su descuento por compra al mayoreo.

El impacto de la venta va a ser otro cuando miles de muchachos en el país estén cantando en pro de la contaminación, de la vida que les toca en este planeta, y de la herencias que les dejaron los que abusaron del ambiente. Ante esos jóvenes, SOS Ambiental será el antídoto, la salvación, los padres y las instituciones querrán parar esa amenaza del mundo contaminado adulado por los jóvenes. Finalmente los jóvenes no son los que compran, ellos consumen música. Doble negocio además para Baldo, los discos, las entradas a los conciertos y la demanda a largo plazo y creciente de los productos de SOS Ambiental. Porque fomentando esa actitud negativa en los jóvenes, en los que tomarán decisiones sobre el futuro del planeta, habrá daño ambiental para rato. Siniestro Baldomero Guaqui, calculador a morir.

Mientras Martín recogía las fotos, Irene llamó desde el teléfono público para continuar con la farsa.

—Señor Guaqui, una disculpa enorme. Tuvimos un contratiempo en el metro. Llegamos muy tarde al café, nuestra petición era que si SOS Ambiental ofrece algún otro producto para el bienestar ecológico del planeta sería buen momento que lo platique o lo muestre en su visita al colegio mañana.

Del otro lado del teléfono, Baldomero Guaqui templó su enojo ante la oferta.

—Será un placer contribuir a la Semana de la contaminación en su escuela, señorita.

—Los esperamos señor Guaqui, a las once en Avenida de las Torres 500. La cita con la directora ya está concertada.

Desde luego eso último era mentira. Pero esta vez tocaba a Irene y a Martín ser más calculadores que el propio Baldo dos caras.

13

El concierto

Entre más dañado esté el planeta ustedes hacen mejor negocio

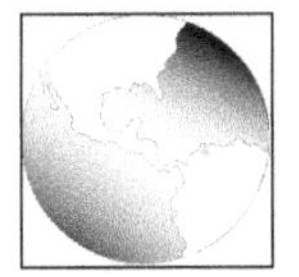

Los chicos de Planeta Gris se reunieron en casa de Manuel como habían planeado. Su entrada tenía que ser discreta, así que llevaron el vestuario para cambiarse en los baños de la escuela. Manuel pidió la camioneta de la oficina de su padre para poder cargar los instrumentos. (Baldomero les había prometido que tendrían una especial para el grupo con su letrero enorme con la que recorrerían las ciudades del país.) El conserje Emilio era su cuate, de modo que sin ningún problema dejó pasar la camioneta para descargar el equipo en las canchas de básquetbol.

—¡Qué milagro!, yo creí que ya habían tomado sus vacaciones anticipadas —los recibió Emilio.

—Fueron forzadas, amigo —se defendió Bruno.

—Es que ya ni la amuelan pintando como chavos banda los boletines de la escuela.

—A veces son una cursilada —dijo Julio.

—Pero el respeto, muchachos.

—Ya vas a empezar como la regañona de Dolores —dijo Manuel.

—No, pásenle. Es un gusto verlos.

—Y ahora nos van a oír también —dijo Manuel orgulloso.

—¿A poco hasta conjunto hicieron en estos días? —preguntó asombrado Emilio, mientras les ayudaba a descargar cerca de la cancha.

—Ya desde antes, Emilio —agregó Magali—. Cuánto cartelón y dibujos. Hasta parece museo en serio —dijo al ver alrededor instalado todo el trabajo de investigación.

Los muchachos contemplaron atónitos la transformación de la escuela.

—Han chambeado fuerte todos para la Semana de la contaminación, desde los chiquitos —explicó Emilio orgulloso.

—Ya me imagino quién sobre todo —repeló Magali— la sabelotodo de Irene.

Emilio ya no pudo responder. Los tacones de Dolores Mena sobre el cemento retumbaron en el patio.

—¿A qué se debe la sorpresa? —los recibió sarcástica.

Manuel tomó la batuta:

—Queremos contribuir a la Semana de la contaminación, por eso no regresamos antes. Hemos preparado un concierto sobre el tema.

Dolores los miró aliviada. Bien sabía que esos muchachos inteligentes y entusiastas no le podían fallar.

—Me parece muy buena idea, será un buen fin para la exposición y para los cursos. Me alegra que el tiempo de expulsión lo hayan hecho productivo. Emilio, los ayuda en lo que necesiten —agregó para subrayar su aprobación.

—Ya ni la friegas Manuel —dijo Bruno, intimidado por la confianza de la directora—. A mí me late que después de ésta nos expulsan para siempre.

—Y qué más te da, si vamos a estar de gira —respondió Manuel con desparpajo.

Mientras Planeta Gris se instalaba sin dar muestras del propio nombre del grupo —la batería de Bruno estaba cubierta con un lienzo—, las actividades habían comenzado en el patio y los pasillos de la primaria. Los alumnos comenzaban a pasear por las mamparas donde las salas de Contaminación atmosférica, Contaminación de suelo y Contaminación de agua exhibían información con ilustraciones. Los alumnos de cada salón se turnaban para atender las dudas de los que visitaban su trabajo y poder ver las maquetas y trabajos de los demás.

Dolores recorría aquel esfuerzo colectivo con orgullo. La escuela le parecía por primera vez una comunidad hermanada por un proyecto común. Sentía que ese propósito de llenar de sentido la palabra contaminación se había resuelto en el transcurso de las investigaciones de manera fragmentada y ahora de una manera total. Se arrepentía de no haber invitado a los padres, aunque siempre se cuidaba la imagen de la escuela hacia afuera en lugar de estrechar lazos entre los grupos de esa cofradía colegial. Así era mejor, sólo lamentaba que esa información no fuera aprovechada por más personas. Por fin llegó donde Irene mostraba en una maqueta la manera en que el movimiento del mar y la salinidad, al cabo de unos días, podían purificar el agua contaminada con bacterias de materia fecal.

—¿De dónde sacaste eso, Irene? —se acercó Dolores.

Irene la miró tensa. Se había propuesto hacer un sano uso de los proyectos de Baldomero Guaqui antes de desatar la tormenta.

—No le he dicho, directora, pero encontramos una compañía que vende ciertos artefactos para resolver problemas de la contaminación y su fundador viene hoy a explicar esta mascarilla —le mostró el cartel en la mampara donde Martín explicaba a los alumnos que se habían acercado.

—Los felicito —dijo a Martín e Irene.

—Pero —la interrumpió Irene— me comprometí a que usted recibiera al señor Baldomero Guaqui en su oficina después de la demostración.

—¿Tiene que ser hoy? —protestó Dolores.

—Definitivamente —dijo Irene.

—Es lo menos que puedo hacer en reconocimiento al empeño de ustedes.

Irene respiró aliviada, nada debía perturbar sus planes. El día de ayer había sido realmente agitado. Habían acudido a las autoridades en materia ambiental. Las leyes en torno al medio ambiente servían a sus propósitos.

—Les tengo una sorpresa —dijo al alejarse con una sonrisa. Irene no se imaginaba que el concierto de rock de Planeta Gris que se organizaba en las canchas era el broche de oro para la Semana de la contaminación.

Un Corvette negro con un letrero en verde menta "SOS Ambiental", se estacionó en la escuela una vez que Emilio abrió nuevamente la reja. Ante el letrero, el conserje no tuvo que preguntar na-da. Ya Irene le había avisado que esperaban unos invitados a la exposición. Baldomero y Leona bajaron del coche convocando las miradas dispersas de todos. Ella llevaba un vestido ajustado verde menta como el letrero del coche, y Baldomero de negro, como siempre, cargaba un maletín con las mismas letras serenas. Irene se acercó a recibirlos y los llevó cortésmente frente al cartel de la mascarilla. Por el altavoz que utilizaba Genoveva para formar a los pequeños todas las mañanas, Irene invitó a todos a acercarse. El teatro que había montado no debía tener ninguna fisura, no hasta el momento adecuado.

Baldomero mostró la mascarilla, habló de los peligros de la contaminación atmosférica y —como si fuera un acto de magia— hizo que Leona se pusiera la mascarilla. Prendió un cigarro. De la misma cajetilla que había descuidadamente sacado Leona cuando los visitaron en su departamento por primera vez. Entonces las siglas Planeta Gris eran un enigma. Baldomero advirtió de los riesgos a la salud que provocaba el fumar y lanzó una bocanada del humo sobre un papel filtro blanco. Mostró a todos las huellas grises del humo. Después colocó un trozo limpio del mismo papel dentro de la mascarilla que Leona llevaba y soltó una bocanada de humo del cigarrillo en la cara de la mujer, vestida de verde. Extrajo el papel filtro y mostró su blancura a los asistentes. Todos aplaudieron. Dolores se asomó desde su oficina para ver cuál era la causa del alboroto. El hombre de negro repartía folletos entre los chicos y la mujer de verde se quitaba esa careta negra. Eran las personas que tenía que recibir en su oficina. Esperaba que fuera rápido, ansiaba dar a todos la grata sorpresa del concierto de rock.

Cuando Baldomero y Leona entraron a la oficina precedidos por Irene y Martín que los presentaron, Dolores se sorprendió al reconocer a su prima.

—Pero prima, qué haces aquí. Ya veo que conseguiste trabajo, la última vez que viniste no pude ayudarte.

Martín e Irene cruzaron miradas. Ahora les quedaba claro por qué Baldomero Guaqui tenía copias de los expedientes con sus nombres y fotos en el cajón del escritorio.

—Además me alegra que estés trabajando en una causa noble como es la salud del planeta y sus habitantes —siguió Dolores.

Irene miró su reloj con desesperación, Martín le hizo un gesto para que se tranquilizara. Aún había tiempo.

—Te presento a Baldomero Guaqui, fundador de SOS Ambiental, mi jefe —dijo con ojos almibarados.

—Ya veo, señor Guaqui. ¿En qué puedo servirlo?

Baldomero comenzó a explicar las bondades de la mascarilla y lo necesario que sería disponer de una dotación suficiente para los alumnos de la escuela, sobre todo en casos de contingencia ambiental, cuando las primeras notas los interrumpieron.

—Señor, Guaca... perdón, Guaqui, me va a disculpar la interrupción pero tengo una sorpresa preparada para todos, los invito a que nos acompañen y después seguimos conversando sobre la mascarilla.

Martín e Irene los identificaron de inmediato, mientras bajaban las escaleras reconocieron el estribillo aquel de "ellos la volvieron gris" que Planeta Gris había ensayado en el garage hacía dos días. Baldomero y Leona aminoraron la marcha conforme Dolores se aproximaba a la tarima en la cancha de básquetbol donde Planeta Gris con alarde de vestuario lanzaba su primera pieza. En cuanto identificó las letras del grafiti agraviante en la batería y se percató del contenido de la canción, volteó a mirarlos un tanto apenada. Los chicos se meneaban con el ritmo. Irene no podía creer el atrevimiento de Manuel, que en ese momento levantaba la vista y reconocía al lado de Dolores a Baldomero Guaqui y Leona; ellos perturbados se despedían a toda prisa de Dolores.

Emilio se acercó en ese momento y extendió una cajetilla de cigarros a los invitados.

—Olvidaron esto donde la mascarilla y es mucha tentación para los muchachos.

Dolores alcanzó a leer Planeta Gris en aquella extraña cajetilla que visiblemente nervioso Baldomero guardaba en el bolsillo del pantalón. Lo miró con desconfianza.

—Hasta otro día señor Guaca... —dijo fríamente. La letra de la canción: "la vida es muy corta, nosotros no vamos a arreglar lo que a otros fue dado estropear" se le hundía a Dolores Mena en el estómago. Lanzó una mirada dolida a los muchachos en el estrado que se tropezaban con las notas sin entender por qué Baldomero Guaqui estaba allí. Cuando los representantes de SOS Ambiental llegaron a su auto, lo notaron más bajo que de costumbre. Las llantas totalmente desinfladas los inmovilizaron.

—Vaya con la escuela de tu primita —dijo Baldo fuera de sí.

La música había cesado, un silencio denso congelaba la imagen altiva y desprotegida de los invitados. Irene y Martín se acercaron al auto seguidos de Manuel, Julio, Bruno y Magali. Dolores los seguía varios pasos atrás. El resto de los estudiantes comenzó a rodear el auto. Recargados en el Corvette negro justo donde estaba el letrero "SOS Ambiental", Leona y Baldo tuvieron que escuchar a Irene.

—Explíqueles, señor Baldomero Guaqui, a qué vino hoy a la escuela este conjunto de rock a quienes prometió llevar de gira y grabar un disco, el éxito.

Leona se sintió mal ante el gesto de ira de Manuel, ese chico tan guapo.

—Es que vinimos a explicar lo de la mascarilla —dijo Leona.

La escuela coreó "sí, sí, la mascarilla para el *esmog*".

—Ese *esmog* para quien Julio escribió una canción. Entre más *esmog* haya más mascarillas anticontaminación se venden. ¿No es así? —interpeló Martín.

—Entre más dañado esté el planeta ustedes hacen mejor negocio —dijo Manuel como si despertara de un sueño.

—Así que nos han engañado —dijo Julio con resentimiento—. Mis letras son sólo para que ustedes hagan dinero y yo he convocado a John Lennon para mi inspiración.

—Nos han puesto a leer sobre la contaminación para que pensemos que no es nuestra responsabilidad ni nuestra culpa, que sólo debemos disfrutar y despilfarrar, la vida es corta.

—Qué tontos hemos sido —gruñía Magali mientras se arrancaba los aretes grises.

—A estos muchachos nosotros no los conocemos —esgrimió Baldomero con astucia, mirando a Dolores.

—Cómo que no —repeló Irene furiosa— si ustedes tienen copias de los expedientes escolares, si Leona hizo los dibujos del vestuario que hoy llevan.

—Tenemos las fotos, los que reparan elevadores nos las dieron —agregó Martín triunfal.

Baldo volteó a ver a Leona indignado.

Se escuchó la sirena de una patrulla. Irene respiró aliviada.

—Tenemos una orden de aprehensión contra la señorita Leona Smithers y el señor Baldomero Guaqui, hay demandas por plagio de patentes de investigadores, por persuasión de menores para atentar contra la salud del ambiente, por hurto de expedientes escolares. Tenemos las pruebas que presentan los denunciantes, la señorita Irene Cuevas y Martín Reyes. Acompáñenos —ordenó el oficial.

Leona alcanzó a echar una mirada lastimera a Manuel que los veía con rabia e incredulidad. Baldomero murmuraba por lo bajo.

—Mantenimiento de elevadores..., sólo a ti se te ocurre.

Los muchachos del conjunto se quedaron callados, inmóviles. Uno a uno se quitaron aquellas camisetas con el letrero "Planeta Gris"; Julio rompió las letras de las canciones que cargaba en el pantalón y Manuel buscó a la directora.

—Lo siento —dijo al acercarse.

Dolores no respondió de inmediato, las imágenes aún le parecían convulsas. La sorpresa del fin de cursos no era cordial. Volteó a ver a Irene que se daba un apretón de manos triunfal con Martín. Finalmente habían librado a los chicos de ser utilizados para los fines de riqueza de un hombre que estaba dispuesto a pisotear al planeta y burlar a la juventud. Todo tenía que ser mejor desde ahora. Miró a Manuel y a los demás del grupo que se acercaban:

—Hay que darle la vuelta a la tortilla. Julio, escribe canciones para un mejor planeta, quiero un concierto para el comienzo del año escolar que sea todo un éxito. Ése será nuestro propósito común —dijo Dolores recuperando el entusiasmo.

Los muchachos sonrieron halagados. La propuesta de la directora era un alivio después del chasco de sentirse engañados, de haber construido sueños y sentir que en un segundo se astillaban contra el piso duro. Podían seguir tocando juntos.

—Además, con todo lo que nos puso a leer ese farsante de Guaqui tenemos material para que las canciones nos hagan querer esta Tierra donde vivimos, cuidarla, conocerla. Hay mucho que podemos hacer juntos ahora que sabemos cuáles son los problemas y las soluciones.

—Ese hombre no estaba equivocado en algo, la música es una de las mejores maneras de transmitir un mensaje —repuso Manuel y se acordó de que Irene le había dicho que tenía una canción para el cierre del evento—. Habrá que hacer crecer el grupo; yo conozco otra letrista, si no te opones Julio.

—"Canciones para amar el planeta" se puede llamar el disco —siguió soñando Bruno.

—Eso sí, Manuel, hay que cambiarle de nombre al grupo —pidió Dolores y luego señaló a donde estaban Irene y Martín rodeados de chicuelos—. Yo creo que allí hay dos muchachos a los que hay que agradecer.

Magali fue la primera en acercarse a Irene y Martín.

—Nos salvaron, íbamos a ser el grupo fracaso de seguir siendo el colchón para los planes de Baldo.

—Hay que reconocer que esa ropa que te diseñó Leona te queda mejor que tus jumpers —dijo Martín, que estaba asombrado con lo bien que le quedaban esos pantalones brillantes a Magali.

Bruno, Julio y Manuel se acercaron:

—Son todos unos detectives —alabó Bruno.

—Serán tema de mi próxima canción —aseguró Julio.

—No nos arruines —bromeó Martín.

—Tal vez quieran ser parte de... Planeta Azul —invitó Manuel, verdaderamente agradecido e impresionado por lo que habían hecho sus compañeros—. ¿Ahora entiendes por qué no te contestaba tu correo electrónico? —se disculpó con Irene.

—Parecía que ya no eras mi amigo —dijo Irene triste.

Manuel se acercó a uno de los setos del jardín y arrancó una margarita.

—Para la detective más bonita —murmuró a Irene con dulzura.

—Esto merece una fiesta en casa de Manuel —dijo Martín, que tenía ganas de bailar con Magali.

—Ni crean que se libran de mí —se sumó Dolores.

—Está bien, Planeta Azul invita —afirmó Manuel.

—Azul, azul, azul —corearon todos.

Glosario

Amplio espectro. Es la capacidad de ciertos insecticidas o antibióticos de aniquilar organismos sin distinción de especie; lo contrario sería la acción selectiva.

Biocidas. Nombre genérico para designar a insecticidas, plaguicidas y herbicidas.

Biodegradable. Materiales que pueden ser descompuestos por micro-organimos e incorporados a la naturaleza.

Cadena alimenticia. El intercambio de energía y biomasa que se da a través de las relaciones tróficas, es decir de la manera en que los organismos se comen unos a otros. En primer lugar estarían los productores primarios (los que realizan la fotosíntesis), luego los productores secundarios o herbívoros, los consumidores o carnívoros y los carroñeros que aprovechan la materia muerta y los descomponedores que reincorporan nutrientes al suelo y al agua. También se les llaman redes tróficas pues las relaciones no sólo son lineales.

Caducifolia. Plantas superiores que pierden las hojas en alguna época del año.

Combustión de gasolina. La reacción química que se realiza en los motores del coche de modo que se aproveche la energía de los hidrocarburos, lo cual arroja subproductos a la atmósfera. La combustión es la unión química del oxígeno con gas acompañado de la evolución de luz y rápida producción de calor.

Copépodos. Animales que son una subclase de los crustáceos, sin caparazón generalmente. Forman parte del zooplancton.

Decibel. Escala logarítmica con la que se miden los niveles de ruido.

Dinoflagelados. Protozoarios marinos, con dos flagelos, pueden ser amarillos, cafés, rojos. Son los que crecen en abundancia durante la llamada marea roja.

Ecología. Rama de la biología que estudia la relación de los seres vivos entre sí y con el medio.

Edáfico. Perteneciente al suelo, la capa de la corteza terrestre donde hay vida.

Esmog. Un anglicismo que proviene de la fusión de *fog,* niebla, y *smoke,* humo. Es la mezcla entre el ozono y las partículas líquidas y sólidas de la atmósfera, característica de los centros urbanos.

Eutroficación. El enriquecimiento con nutrientes de un cuerpo de agua. Esto provoca desequilibrios en las relaciones tróficas y un gran consumo de oxígeno por la descomposición de la materia orgánica.

Fertilizantes. Nutrientes que se le añaden al medio acuático o terrestre para lograr una mayor productividad.

Fauna bentónica. En el mar son los animales que habitan la zona béntica, que es la más profunda.

Fitoplancton. La parte vegetal de los diminutos organismos que habitan la capa luminosa de los ecosistemas acuáticos: ríos, lagos, lagunas, mares.

Freones. Compuestos a base de etano y metano además del flúor o cloro que sustituye al hidrógeno. Se utilizan como refrigerantes, extinguidores y propelentes de aerosoles. Responsables de los agujeros de ozono en la capa superior de la atmósfera.

Herbicidas. Compuestos químicos para eliminar ciertas hierbas que compiten con los cultivos.

Inversión térmica. Fenómeno de la circulación atmosférica en donde la capa de aire frío cercana a la superficie queda atrapada por una capa de aire más caliente. La hay por cambios de temperatura o de presión atmósferica.

Lixiviación. La extracción de un material soluble de una mezcla por lavado con agua.

Lluvia ácida. Lluvia con ácido sulfúrico producto de la reacción de las emisiones de sulfato o sulfito con el vapor de agua en la atmósfera. Corrosiva.

Ozono (O_3). Producido por la acción de los rayos ultravioleta sobre el oxígeno.

Perennifolia. Plantas superiores que no pierden sus hojas en ninguna estación del año.

Plancton. Organismos diminutos que viven en las capas más superficiales de los ecosistemas acuáticos.

Radioactivo. Átomo que decae en otra especie emitiendo rayos alfa o beta. Esta actividad puede ser natural o inducida.

Radiactividad. Desintegración espontánea de algunos elementos naturales pesados, (radio, actinio, uranio), acompañados de la emisión de rayos alfa, beta y gama.

Subsidencia. El acomodo en un nivel inferior.

Trófico. Relativo a la nutrición.

Zooplancton. Animales de dimensiones muy pequeñas que habitan en las capas superficiales de los cuerpos de agua (protozoarios, crustáceos, copépodos, pececillos, etc.).

Lecturas recomendadas

1. Barradas, Víctor L. y Rocío J. Seres, "Los pulmones urbanos", *Ciencia y Desarrollo*, núm. 78, año XII, enero-febrero, CONACYT, México, 1988, pp. 61-72.

2. Botello, Alfonso V., *et al.*, *El problema crucial: la contaminación*, Centro de Ecodesarrollo, México, 1987, 180 pp.

3. Botello, Alfonso V., *et al.* "Ecología, recursos costeros y contaminación en el Golfo de México." *Ciencia y Desarrollo*, núm. 102, enero-febrero de 1992, CONACYT, México, 1992, pp. 28-48.

4. Cortinas de Nava, Cristina. "La situación de los residuos peligrosos en México" en *Residuos peligrosos*, Memorias del Primer Simposio Nacional. México, PNUMA, 1996, pp. 23-35.

5. Halffter Gonzalo y Ezequiel Ezcurra, "Diseño de una política ecológica para el Valle de México", *Ciencia y Desarrollo*, núm. 53, noviembre-diciembre, CONACYT, México, 1983, pp. 89-96.

6. *Informe mensual de la calidad del aire*, Comisión Metropolitana para la prevención y control de la contaminación ambiental en el Valle de México, julio, 1996.

7. Margalef, Ramón, *Ecología*, Barcelona, Ediciones Omega, 1985.

8. Odum, P. Eugene, *Ecología*, Nueva Editorial Interamericana.

9. Páramo, Víctor Hugo, *et al.*, "Acidez de las precipitaciones en el Distrito Federal", *Ciencia y Desarrollo*, núm. 72, enero-febrero, CONACYT, México, 1987, pp. 59-65.

10. Péres, J. M., *et al.*, *La polución de las aguas marinas*, Ediciones Omega, Barcelona, 1980, 247 pp.

11. *Programa de trabajo y términos de referencia de proyectos 1996-1997*, Unidad de proyectos especiales, Instituto Nacional de Ecología, SEMARNAP, México, 26 pp.

12. Reséndiz-Núñez, Daniel, "Evaluación ecológica de proyectos eléctricos: el paso de preocuparse a ocuparse", *Ciencia y Desarrollo*, núm. 111, julio-agosto, CONACYT, México, 1993, pp. 57-69.

13. SEMARNAP, "Volúmenes de basura generada por sector", Informe anual, 1996 (en prensa).

14. Vásquez-Yáñez, C. y A. Orozco Segovia, *La destrucción de la naturaleza*, colección La ciencia desde México, FCE-SEP-CONACYT, MÉXICO, 1991, 102 PP.